CB069295

Sem Filtro

SEM FILTRO
Madeleine Lacsko

Projeto | Jaqueline Scholz Issa

Ascensão e queda do cigarro no Brasil

2008 © Madeleine Lacsko
Jaqueline Scholz Issa [Projeto]

Direitos desta edição reservados à
EDITORA DE CULTURA LTDA.
Rua José de Magalhães, 28
04026-090 – São Paulo – SP

Fone: (11) 5549-3660
Fax: (11) 5549-9233
sac@editoradecultura.com.br
www.editoradecultura.com.br

*Nenhuma parte deste livro poderá
ser reproduzida, armazenada ou
transmitida sob qualquer forma
ou através de qualquer meio sem
prévia autorização escrita da editora.*

Primeira edição: Maio de 2008
Impressão: 5ª 4ª 3ª 2ª 1ª
Ano: 12 11 10 09 08

Dados Internacionais de Catalogação na Publicação (CIP)
(Elaboração: Aglaé de Lima Fierli CRB - 9/42)

L145s   Lacsko, Madeleine,
          Sem filtro: ascensão e queda do cigarro no Brasil / Madeleine Lacsko, projeto de Jaqueline Scholz Issa. São Paulo: Editora de Cultura, 2008.
          176p.: 16x23 cm.

          Contém relatos de ex-fumantes
          ISBN: 978-85-293-0121-1

          1.Tabagismo. 2. Relatos de fumantes. 3. Cigarro - História - Brasil. 4. Cigarro e saúde. 1. Issa, Jaqueline Scholz. Título. II.

CDD- 21.ed. 613.85

Índice para Catálogo Sistemático

Tabagismo : Saúde pessoal	613.85
Relatos de Fumantes : Saúde pessoal	613.85
Fumo : Costume : Vício	394.14
Cigarros : Indústria : Consumo : Brasil	338.17371
Cigarros : Uso : Medicina	616.865

SUMÁRIO

Apresentação	Jaqueline Scholz Issa	9
Prefácio	Vera Luiza da Costa e Silva	11

1. Todas mulheres — 14
2. Brasil, o futuro das fumageiras — 28
3. Ponto fora da curva — 36
4. 1993, cortina de fumaça — 47
5. Essa história de tabagismo — 52
6. Não custa nada tentar — 55
7. Aprendendo a aparecer — 65
8. De olhos bem fechados — 84
9. A passos lentos — 95
10. Pai, não fuma que você morre — 123
11. Deixe o cigarro aqui — 144
12. O cigarro e eu: Depoimentos — 155
    - *Lauro Campos* — 155
    - *Nilton Travesso* — 158
    - *Mário Covas* — 159
    - *Lourival Baptista* — 160
    - *Alfredo Salim Helito* — 161
    - *Antônio Pedro Mirra* — 163
    - *Elias Murad* — 165
    - *Vera Luiza da Costa e Silva* — 166
    - *José Serra* — 167
    - *Claire Chollat-Traquet* — 169

Sobre a autora — 171
Sobre a autora do projeto — 173

Apresentação

COMO SURGIU ESTE LIVRO?

Em junho de 2006, eu estava preparando material sobre a participação do InCor (Instituto do Coração-HC.FMUSP) na luta contra o tabagismo no Brasil para apresentação na 13ª Conferência Mundial sobre Tabagismo da Organização Mundial da Saúde. Percebi que ali havia material histórico importante, considerando a fascinante trajetória do país na luta contra o tabagismo no período de 1993 a 2006.

Mostrei esse material ao meu amigo e cineasta George Jonas, dizendo que achava que aquilo daria um livro. Ele, de pronto, me pediu para encaminhar tudo ao seu amigo e colaborador Luís Nassif. O Nassif, redator e roteirista experiente, avaliou o material e se entusiasmou:

"Pode escrever, já está editado".

"Mas eu não quero escrever", respondi. "Prefiro que um jornalista escreva."

"Encontre um!", ele disse.

Em fevereiro de 2007, fui entrevistada na Rádio Jovem Pan pela jornalista Madeleine Lacsko. Talvez minha milésima entrevista sobre tabagismo. Conversa vai, conversa vem, ela me disse que já tinha feito alguns trabalhos como *ghost writter*. "Escritor fantasma"?, traduzi e perguntei o que era aquilo.

"Uma pessoa que escreve livros cuja autoria vai para terceiros", ela explicou.

"Mas existe isso?", me admirei. E pensei rápido.

"Você não gostaria de escrever um livro histórico sobre tabagismo? Tenho material de valor e contato com muitas pessoas que você deve entrevistar para escrever a história", propus. "E tem mais. Você aparecerá como autora, nada de 'fantasma'."

Ela topou na hora.

No mês seguinte, ela ganhou um cobiçado curso de jornalismo nos Estados Unidos e lá conheceu nada menos que o produtor do programa jornalístico *60 Minutes*, da TV norte-americana. Na ocasião, falou com ele sobre nosso projeto e, de imediato, recebeu dele os arquivos secretos da indústria do tabaco.

Bom, de agora em diante, leiam o livro da Madeleine.

Minha participação termina aqui.

Jaqueline Scholz Issa

Diretora do Ambulatório de Tratamento do Tabagismo do InCor

Prefácio

NO TEXTO AQUI presente, encontramos a história das lutas e conquistas que levaram o Brasil a ter um dos mais eficientes programas de controle do tabagismo do mundo – algo que, creio eu, não é pouca coisa. Trata-se, portanto, do caso afirmativo de uma retumbante vitória da saúde pública brasileira.

Lendo este livro, revivi a batalha dos profissionais do Instituto Nacional do Câncer (Inca), instituição do Ministério da Saúde que me acolheu profissionalmente e onde obtive apoio e estímulo para enveredar em área tão polêmica naquela época.

Ali recebemos o apoio de Marcos Moraes. Cirurgião renomado e administrador visionário, ele propiciou as estruturas física, humana e financeira necessárias para estabelecer o Programa Nacional de Controle do Tabagismo (PNCT) através da então recém-criada Fundação Ary Frauzino. Foi isso que possibilitou a consolidação do PNCT, iniciado pelo pneumologista Germano Gerhardt Filho na Campanha Nacional contra a Tuberculose, e que vinha sendo apoiado, através do cardiologista Geniberto Paiva Campos, pela Campanha Nacional de Combate ao Câncer. Este programa foi mantido e ampliado pelos diretores do Inca que se seguiram, os médicos Jacob Kligerman, José Temporão e Luiz Santini, não menos mobilizados ou comprometidos com esta causa.

Anos depois, foi a vez da Agência Nacional de Vigilância Sanitária (Anvisa), autarquia do governo brasileiro, de entrar em cena, constituindo a Gerência de Produtos Derivados do Tabaco (GPDTA), núcleo de profissionais sob a liderança dos médicos Ricardo Oliva, Franklin Rubinstein e Agenor Álvares, que precisaram descobrir a forma de regulamentar uma indústria que desconheciam. Não havia, até então, qualquer modelo a seguir para a regulamentação de produtos do tabaco. A equipe da Anvisa vem estabelecendo esse modelo, sob os olhos atentos de outros países, que enveredam na mesma direção.

Outros departamentos e setores do Ministério da Saúde se envolveram de forma mais ativa nas fases seguintes desse processo, entre eles a Secretaria de Vigilância em Saúde (SVS) no monitoramento da epidemia tabagística e no estudo de suas conseqüências e a Secretaria de Atenção à Saúde (SAS) nos novos procedimentos de tratamento do fumante, que começaram a fazer parte da atenção básica à saúde na rede SUS.

As sociedades médicas, iniciadoras de todo o processo no país ainda na década de 1970, mesmo antes do início das atividades do governo federal e da própria Organização Mundial de Saúde, foram lideradas pela Associação Médica Brasileira, que em seguida ajudou a criar o Comitê Coordenador para o Controle do Tabagismo no Brasil. Nele, os pioneiros do processo, entre outros, os médicos Aloyzio Achutti, Antônio Pedro Mirra, José Rosemberg e Mário Rigatto, davam, em seus estados, universidades e associações, os primeiros passos no controle do tabagismo no Brasil. Como bons seguidores, aprendemos com cada um e nos espelhamos na energia e visão deles para avançar na direção de uma sociedade mais saudável.

O InCor se destacou nessa ação a partir da criação do Dia Mundial sem Tabaco pela OMS. A médica Jaqueline Issa se debruçou sobre o desafio do tratamento de fumantes e fez história quando conseguiu envolver toda uma geração de cardiologistas no sonho de tornar o instituto livre de fumo e criar uma clínica de referência na abordagem do fumante.

Com o fortalecimento do programa, a rede Tabaco Zero se constituiu, representando mais de duzentas organizações e envolvendo a sociedade civil. Sob a batuta da socióloga Paula Johns, ela se transformou na Aliança para o Controle do Tabagismo no Brasil (ACTBr), preenchendo uma lacuna importante em um programa que se sustentava muito nas ações do governo – a do necessário controle social das suas atividades.

Mas foi no Inca que se concentrou, em determinado momento, a inteligência estratégica do PNCT. Através de um complexo envolvimento de setores do governo e da sociedade como um todo, criou-se a massa crítica de suporte para ações de controle do tabagismo. As médicas Luisa Mercedes da Costa e Silva Goldfarb, Tânia Maria Cavalcante e Tereza Maria Piccinini Feitosa fizeram comigo parte dessa linha de frente em uma equipe pequena e aguerrida, que não media horas, dias ou esforços pessoais para envolver representantes do governo federal e dos estados e municípios, de escolas, unidades de saúde e ambientes de trabalho. Era o que chamávamos de "trabalho de formiguinha".

Muitos outros colegas e funcionários viriam a seguir, aumentando gradativamente o grupo de trabalho no Inca e fora dele. Logo esse grupo passou a representar o governo federal nas ações de controle do tabagismo no país e também o governo brasileiro nas negociações da Convenção-Quadro para o Controle do Tabaco, patrocinada pela Organização Mundial da Saúde.

Este livro relata com graça e detalhe esse período riquíssimo do controle do tabagismo no Brasil. Muitos são os personagens que aparecem nos testemunhos que compõem esta narrativa; tantos outros, contudo, ficaram de fora. Há que lembrar que sem essa legião de "anônimos" dificilmente teríamos chegado onde chegamos. Representantes e aliados do programa nos três níveis de governo, federal, estadual e municipal, membros de organizações de profissionais de saúde, empresas privadas e a sociedade civil foram fundamentais nas conquistas feitas. Ausentes das linhas do texto, eles brilham nas entrelinhas.

O leitor pode no entanto aqui conhecer alguns dos heróis desta história e seus relatos, que impressionam pela criatividade e perseverança. Entre eles, se destacam muitos dos ministros de Saúde que o Brasil teve a partir da década de 1980, começando com o ministro Waldir Arcoverde, que criou a primeira comissão de peritos para discutir o tema – mas que ficou anônima por determinação do setor econômico do governo, justificando que sem o tabaco o Brasil iria falir, o que evidentemente não aconteceu.

Menção especial deve ser feita ao ministro Adib Jatene e ao ministro José Serra, essenciais nas ações políticas que mudariam de forma decisiva o panorama de consumo de cigarros no Brasil. Donos da devida credibilidade e com experiência e coragem para desafiar a poderosa indústria do tabaco, seus depoimentos constituem um marco histórico do enfrentamento de empresas multinacionais para o benefício da população. Os esforços desses ministros foram acompanhados pelo trabalho de parlamentares que criaram leis e deram suporte às normas que formam a base legislativa atual desse processo, representados especialmente nas figuras dos deputados Elias Murad e Jutahy Magalhães Júnior.

Muito alentador é constatar que, entre outras coisas, a história de todos esses personagens mostra que é possível acreditar no serviço público e na integridade dos ministros e parlamentares que a contam. Nenhum deles foi engolido pela indústria fumageira e nem se deixou corromper por ela. Também se pode verificar que o casamento entre a sociedade civil e o governo constitui uma equação de sucesso, que deve ser buscada de forma incansável.

No momento do lançamento deste livro, leitura e consulta obrigatória para quem estuda a história do controle do tabagismo no Brasil, novos atores aparecem em cena. O envolvimento ativo do governo federal se ampliou através de outros setores na Comissão Nacional de Implementação da Convenção-Quadro de Controle do Tabaco (Conicq), desde 1999, e cresce à medida que se identificam novas esferas do governo no apoio ao PNCT.

Durante todo esse processo, tanto a Organização Mundial da Saúde quanto a Organização Pan-Americana da Saúde abraçaram de forma definitiva o programa e fortaleceram suas trincheiras para ajudar seus países-membros, entre eles o Brasil. Também no setor internacional, surgiu um novo parceiro – o Secretariado da Convenção-Quadro de Controle do Tabaco, do qual o Brasil faz parte desde 2005 –, o que ampliou a base de apoio ao trabalho do país.

Como o livro bem retrata, muitas foram as conquistas do PNCT. O consumo de cigarros caiu pela metade e as mortes por câncer de pulmão também começam a declinar. Esforços e recursos públicos usados, mesmo que pequenos para as necessidades do país, foram de utilidade para melhorar a vida da população. Mesmo assim, ainda morrem por ano, no Brasil, cerca de 200 mil pessoas por doenças relacionadas ao uso do tabaco, significando que muito já foi feito, mas muito ainda resta a fazer.

Que este livro se apresente para as gerações presentes e futuras como parte do relato de uma vitória da saúde pública brasileira, que, de certa forma, serve de modelo e antecipa muitas outras que ainda estão por vir.

Vera Luiza da Costa e Silva

Consultora em controle do tabagismo

1
TODAS MULHERES

NÃO HÁ PALAVRA feminina mais masculina que guerra. Todas as guerras são masculinas. As físicas e as psicológicas. Difícil imaginar mulheres em qualquer tipo de guerra. Se existem, são únicas, diferentes das outras e sempre heroínas. O estereótipo é tão forte que engana a percepção da realidade. Nem as próprias mulheres envolvidas percebem quando a guerra é delas.

Somente anos depois, olhando para trás, se revelam nos papéis os registros da batalha genuinamente feminina. Os homens também têm papel importante, mas são elas que motivam todas as ações de todos os lados. Muitas passam despercebidas por serem confundidas com homens. Assinam documentos com a primeira letra do nome e o sobrenome. O alto cargo e a abreviaturara "dr." em inglês remetem automaticamente ao mundo masculino, parece disfarce.

>   Dr. C. Chollat-Traquet
>   Tobacco or Health
>   World Health Organization
>   CH-1211 Geneva, 27, Switzerland

C. quer dizer Claire. É o primeiro nome de mulher que entra nesta história, com um pequeno artigo que atrai a atenção das outras e estabelece a configuração das forças na batalha. Somente quinze anos depois, aposentada, vivendo na Áustria, Claire Chollat-Traquet é informada das conseqüências do que escreveu para o *European Journal of Cancer*. Criadora do programa Tobacco or Health ("Cigarro ou saúde"), da Organização Mundial da Saúde (OMS), responde no mesmo dia ao meu e-mail contando o início da história, que ela não conhecia, mas da qual é personagem especial.

Ao telefone, com voz alegre, repete a mesma coisa que escreveu no primeiro contato. Nunca ninguém liga para contar essas coisas. Se diz feliz por dois motivos. Primeiro, pelo reconhecimento do seu trabalho; segundo, pela oportunidade de falar sobre um dos primeiros cardiologistas a se interessar pela luta contra o tabagismo.

Mulher. Médica jovem, recém-formada, fazendo a tarefa que não lhe agrada muito, mas havia sido pedida pelo chefe. Não imagina que a ida à biblioteca é tão decisiva para seu futuro profissional. Jaqueline Scholz Issa vive na São Paulo onde é comum ir à biblioteca buscar novidades e o costume é redigir cartas em máquina de escrever.

Nas estantes, encontra algo que não é da sua área, mas tem relação com o pedido da chefia: desenvolver algo relacionado a tabagismo. No *European Journal of Cancer* está estampado o título "World No-Tobacco Day: 31 May 1992". Ela conta, entusiasmada, como resolveu escrever a cartinha para ver se conseguia atenção da Organização Mundial de Saúde. Na cópia xérox, guardada há 15 anos, está sublinhada a frase "on 31 May each year". Era isso o que sonhava, realizar um evento todos os anos, no dia 31 de maio.

Há outra nota com o mesmo título, também assinada por mulher. Permaneceu guardada durante anos e foi revelada entre documentos da indústria do tabaco, tornados públicos pelas cortes norte-americanas e inglesas. A doutora S. Boyse assina a inicial de Sharon com o S desenhado, bem feminino. Ela é a profissional que tem poderes sobre todos os departamentos de relações públicas da grande multinacional do tabaco, a British American Tobacco (BAT), conhecida no Brasil como Souza Cruz.

Na circular nº 230, ela determina que todas as subsidiárias, em cada país, preparem a resposta para o Dia Mundial Sem Tabaco de 1992 e envia a elas o *kit* promocional da data proposto pela Organização Mundial de Saúde. O tema é *"Tobacco-Free Workplaces, Safer and Healthier"* – ("Ambientes de trabalho livres de tabaco, mais seguros e mais saudáveis"). A circular sugere até o patrocínio de atividades em locais de trabalho e diz às subsidiárias que planejem a reação com investimento pesado em publicidade.

A concorrente Philip Morris também determinou o mesmo tipo de ação. É mulher, Aurora Marina Gonzales, quem assina o fax distribuído para Argentina, Brasil, Costa Rica, República Dominicana, Equador, El Salvador, Guatemala, México, Miami, Panamá, Porto Rico, Uruguai e Venezuela. Dois dias antes do Dia Mundial sem Tabaco de 1992, todos esses países recebem da Divisão de Assuntos Corporativos material destinado a rebater as dez alegações feitas pela OMS para justificar por que o cigarro prejudica o ambiente de trabalho. As dez mensagens de contra-ataque, "classificadas de 'fortes e críveis', devem ser usadas para responder a eventuais perguntas relacionadas ao assunto".

O método parece ter funcionado bem. Quase um ano depois, registra-se outra correspondência interna da empresa, também assinada por mulher. Anne Okoniewski apenas rubrica as iniciais AO ao lado do próprio nome no cabeçalho do documento. É Coordenadora de Análise de Pesquisas para a Philip Morris International em Ryebrook, estado de Nova York.

Esse documento envia novamente as tais "10 Respostas para a OMS" e traz também o registro do sucesso – um artigo do *Wall Street Journal Europe* intitulado "WHO's [sigla de World Health Organization] Bureaucracy is its Healthiest Patient" ("A burocracia da OMS é seu paciente mais saudável"). O artigo é pesado como o título. Acusa a OMS de gastar tempo e dinheiro em questões de estilo de vida, como álcool, cigarro e cinto de segurança, quando poderia investir a mesma quantia para, por exemplo, vacinar todas as crianças dos países pobres.

O autor é Paul Dietrich, presidente do Instituto Internacional de Ciências da Vida (Ilsi, na sigla em inglês), sediado em Washington, e membro do prestigioso Conselho do Instituto de Aids da Universidade Harvard. O Ilsi é um instituto respeitado, que mantém vínculos com vários órgãos da ONU, incluindo a OMS. Mas alguns de seus membros são notoriamente comprometidos com a indústria de cigarro, entre eles o autor desse artigo. O Instituto ajudou com pareceres sempre contrários às leis antitabagistas até o ano de 1998.

Anne Okoniewski lembra em seu comunicado que a cobertura do Dia Mundial sem Tabaco de 1992 foi mínima, porque a data caiu em um domingo. O tema de 1993 é "Health Services, Including Health Personnel, against Tobacco" – ("Serviços de saúde, inclusive profissionais de saúde, contra o tabaco"). É prometido um material específico para resposta, que deve chegar antes do dia 31 de maio.

Profissionais de saúde antitabagistas sempre existiram no Brasil, mas tinham dificuldades de fazer chegar suas informações às pessoas na mesma intensidade com que chegava a propaganda do cigarro. A luta estava colocada. O Dia Mundial Sem Tabaco é batalha de mídia, como define a criadora da data, dra. Claire Chollat-Traquet. "Inicialmente, foi a tentativa de fazer com que todos os que fumam ou mascam tabaco parassem por 24 horas, mas virou forma de iniciar ações na área de saúde, desenvolver pesquisas e disseminar informação".

O *kit* de mídia da OMS viria para o Brasil a pedido da dra. Jaqueline Scholz Issa, novata na luta contra o tabagismo. Toda a resposta já estava preparada pelas duas gigantes do cigarro no Brasil, Souza Cruz e Philip Morris. As *tabacaleras* internacionais preparavam o bombardeio de mídia contra a campanha. E elas patrocinam os veículos de comunicação com sua publicidade, como se sabe.

A tarefa da cardiologista não era trazer informações inéditas. Médicos e parte do público já sabiam dos efeitos nocivos do cigarro. O principal foco era ganhar a mídia, vencer a barreira e disseminar de maneira maciça a informação. As armas eram o prestígio do InCor, Instituto do Coração, o *kit* da OMS e a data diferente, que poderia chamar a atenção das redações.

AS VÍTIMAS

ENQUANTO SE TRAVAVA essa batalha, milhares de mulheres brasileiras começavam a fumar. Outras milhares tentavam largar o cigarro, algumas conseguiam. Cigarro ainda é masculino, mas esse quadro tende a mudar. No mundo em desenvolvimento, ainda há mais homens que mulheres fumantes, mas os dados da Global Youth Tobacco Survey, (Pesquisa mundial do fumo entre jovens), divulgada pela OMS em 2008, mostram que o consumo tem aumentado muito entre as meninas no começo da adolescência.

As mulheres brasileiras começaram a fumar em público há poucas décadas. Mas já eram atraídas pelos homens que fumavam. Cigarro era como um rito de passagem, símbolo de masculinidade. Era sucesso junto às mulheres, garante o oncologista Antônio Pedro Mirra, que investia nas baforadas durante a década de 1950, quando cursava a Faculdade de Medicina da Universidade de São Paulo.

"Eram poucas as que fumavam. Depois, passou-se a ver cigarro em boca de mulher tanto em casa quanto durante o trabalho e ainda em bares e restaurantes. Na hora em que se iniciou o movimento de emancipação da mulher, elas começaram a fumar, adotando os hábitos masculinos. Passaram a fumar e depois a fumar na rua". Era raríssimo ver mulher fumando na rua, pois não ficava bem para ela fumar em público. Mesmo na época de estudante, eu me lembro, tinha amigas que fumavam, mas a gente fumava em... naquele tempo, eram os inferninhos da gente... a gente ia aos inferninhos. Fumava lá nos inferninhos, mas fora, não. Era completamente diferente. Depois, foi se generalizando".

As moças que fumavam escondido também fazem parte da memória do governador de São Paulo, José Serra: "Eu me lembro, quando era criança, no meio social em que eu vivia, operário, de baixa classe média, pegava mal mulher fumar. Não pegava bem socialmente". O médico Alfredo Salim Helito, ex-fumante, vindo de família de ex-fumantes, tem a mesma lembrança. "Mulher que fumava ficava com má fama. Se o homem fumava, era bonitão, machão. Se a mulher fumava, era malvista. Mas minha mãe fumava".

Não há muita divergência na explicação para o vínculo estreito entre mulheres e cigarros, em geral associado à maior afirmação do papel da mulher na sociedade. O Banco Mundial diz exatamente o mesmo em relatório divulgado em 2007. Infelizmente, para as mulheres brasileiras, o desenvolvimento e a independência ainda vêm acompanhados do mimetismo de comportamentos masculinos, como fumar. A porcentagem de mulheres fumantes é maior nas capitais mais desenvolvidas do país. No Sul e no Sudeste, a proporção de mulheres fumantes é quase igual à dos homens, enquanto a diferença é grande no Norte e Nordeste.

Figura 1 | FUMANTES NO BRASIL por sexo, 2003

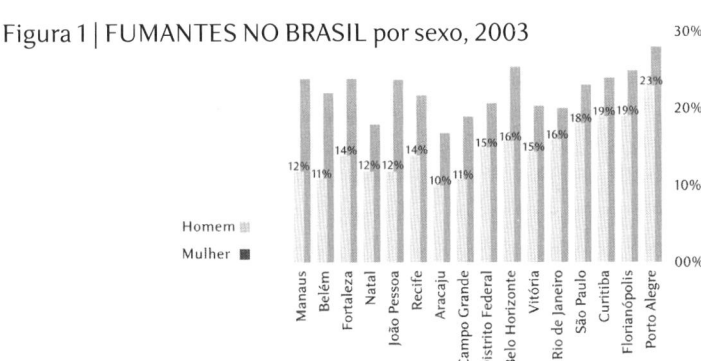

Fonte: IDCRM 2002/2003 Pesquisa doméstica de morbidade e comportamentos de risco

Dados mais antigos mostram que o Brasil chegou a ficar entre os países com maior percentual de mulheres fumantes. Em 1989, o Dia Mundial sem Tabaco tinha como tema "The Female Smoker: at Added Risk" – "A mulher fumante: sob risco aumentado". O material de aconselhamento afirma que as mulheres profissionais de zonas urbanas são as mais atraídas pelo cigarro. Papua-Nova Guiné aparece como o campeão do *ranking*, com 80% de mulheres adultas fumantes. É seguido por Suazilândia, Kiribati, Bolívia, Nauru, Nepal e Brasil, este com 53% e sétimo no *ranking*. Os dados não são os oficiais da OMS, porque englobam os chamados "fumantes diários", e também os que apenas experimentaram cigarros – a OMS só computa os que fumam todos os dias, e não os últimos.

Figura 2 | PAÍSES COM MAIS MULHERES FUMANTES, 1989

Vem anexa a análise da dra. Mira B. Aghi, cientista comportamental do Tata Memorial Institute de Bombaim, na Índia. As mulheres que trabalham para empresas multinacionais, companhias aéreas ou órgãos de imprensa são mais propensas a fumar, porque se identificam com o que seriam suas correspondentes no mundo ocidental. Elas parecem acreditar genuinamente que os cigarros anunciados para elas são "bacanas", glamourosos e relaxantes.

O costume de excluir mulheres – e crianças – do uso social do tabaco e a associação dessa regra com a manutenção da ordem e da rigidez moral da Era Vitoriana – período de 1837-1901, considerado o auge da Revolução Industrial e do Império Britânico – estabeleceram o cenário para muitos dos significados que o ato de fumar adquiriu no mundo contemporâneo. Dada a situação do século XIX, fumar passou a ser símbolo da habilidade de uma mulher para fazer escolhas quanto ao próprio comportamento. *The Ladies Will Retire: The Symbolism of Smoking in Victorian England* ("As 'damas' vão se aposentar: O simbolismo do ato de fumar na Inglaterra vitoriana"), o ensaio mais famoso de Sherwin J. Feinhandler.

Professor do Departamento de Psiquiatria da Faculdade de Medicina da Universidade de Boston e palestrante de Harvard, sociólogo e antropólogo cultural com diplomas das universidades Harvard, Syracuse e Northwestern, Feinhandler fundou a Social Systems Analysts, empresa de consultoria e pesquisa sobre sociedade e comportamento. Trabalhou durante muitos anos para a Philip Morris e suas descobertas deram início ao Archetype Project (Projeto Arquétipo), projeto de marketing ousado e polêmico, com mira nos jovens.

Seus trabalhos têm como objeto de estudo o benefício social de fumar. Foi publicado em 2 de fevereiro de 1977 o ensaio chamado "Tobacco and Women" ("Tabaco e mulheres"). "Que arma! Que extensão de personalidade! Este pequeno tubinho branco ou escuro e fininho. Instrumento de guerra ou paz. O que ela quiser. Bafore na cara dele – o inimigo está derrotado! Assopre gentilmente a fumaça em sua orelha – ele é dela aquela noite. (...) O cigarro fala sua própria e poderosa linguagem para as mulheres e sempre falou, desde que fumar foi permitido às mulheres em todo o mundo. Sim, permitido. Era normalmente item dominado por homens na maioria das culturas quando foi introduzido em todo o mundo."

A lógica nas análises é muito parecida. A mulher, que ficava à parte de todas as decisões, pode ter no cigarro o símbolo de poder sobre a própria vida. O jovem, que deve obediência aos pais, tem no cigarro o símbolo de independência, de comportamento adulto.

"O grande problema é que o cigarro, o tabaco, gera dependência física, não só psíquica, e por isso é difícil deixar de fumar", observa o cardiologista brasileiro Adib Jatene. "As empresas fabricantes de cigarros sabem disso. Por isso, estimulam dois grupos de pessoas: jovens e mulheres. Hoje, talvez, as mulheres fumem mais que os homens".

Os números não confirmam, mas existe a impressão generalizada de que as mulheres fumam mais que os homens nas grandes cidades brasileiras. Talvez o fato de terem sido socialmente coagidas a não fumar em público durante muitos anos dê a impressão de que elas agora são maioria, fumando em todos os lugares e à luz do dia. O Brasil realmente passa pela fase de aproximação da porcentagem de homens e de mulheres fumantes.

A sociedade começa a aceitar socialmente o fumo entre as mulheres depois que o hábito se disseminou entre os homens. A diferença entre os dois grupos é de 20 a 30 anos nos Estados Unidos e no Reino Unido. Mas a tendência é que a proporção de fumantes homens e mulheres jamais se iguale, diz pesquisa de Amanda Amos, do Departamento de Ciências de Saúde Pública da Universidade de Edimburgo, Escócia, publicada no *British Medical Journal* em 1996.

Com base em modelo de Lopez, Collishaw e Piha, a pesquisadora divide em quatro fases o comportamento social com relação ao cigarro. Cada fase tem ligação com o nível de desenvolvimento do país. Os situados na quarta fase passaram pelas três primeiras.

Na 1ª fase, estão países em desenvolvimento da África subsaariana. As conseqüências que o fumo causa à saúde ainda não são aparentes. As taxas de homens fumantes são menores que 15% e as mulheres fumantes são menos de 5%.

Na 2ª fase, encontram-se os países da América Latina, Norte da África e vários países da Ásia, como Japão e China. As taxas de mortes decorrentes do cigarro entre os homens começam a crescer. Entre eles, a proporção de fumantes aumenta rapidamente, ficando entre 50% e 80% da população e surgem os primeiros ex-fumantes. As mulheres fumantes ficam entre 10% e 20%, mas são cada vez mais numerosas.

Na 3ª fase, encontram-se a Europa Oriental e países do sul da Europa. As mortes causadas por cigarro entre os homens aumentam, a taxa de fumantes entre eles cai para 40%. Chega-se ao pico da taxa de mulheres fumantes, que pode se estabilizar ou cair, mas não atinge a taxa já registrada pelos homens e começa a cair.

Na 4ª fase, estão Estados Unidos, Reino Unido, Canadá e Europa Ocidental. A taxa de fumantes cai lentamente entre homens e mulheres. A taxa de mortes devido ao cigarro chega ao pico entre os homens e começa a subir rapidamente entre as mulheres.

A escala era perfeita quando foi publicada. Alguns países tiveram ascensão mais rápida do número de fumantes. Outros, como o Brasil, jamais atingiram picos semelhantes aos europeus e foram mais rápidos na redução do número de fumantes, apesar de todas as dificuldades sociais.

C DE CLAIRE

LES FEMMES ET LE TABAC ("As mulheres e o tabaco") é a publicação mais famosa de Claire Chollat-Traquet, a médica que inventou o programa contra o tabaco da Organização Mundial da Saúde. Enquanto ela trabalhava, seus filhos recebiam amostras grátis de cigarros na porta da escola em Genebra. A tolerância ao cigarro e sua promoção na cidade mais cosmopolita da Suíça é, até hoje, bem maior que no Brasil.

O pai dela fumava. Atualmente, ela credita a morte do pai ao cigarro, mas lembra que, na época, ninguém ligava esses dois pontos. Não havia nela nenhuma intenção específica de lutar contra o tabaco, só queria evoluir na carreira de pesquisadora.

Ela diz: "Fiz algumas pesquisas nessa área, tabaco e saúde. A OMS me procurou quando eu era jovem. Fiquei muito próxima do diretor geral e, quando outro foi eleito, não pude permanecer como consultora", ela ri. "Politicamente, você sabe como é, não se faz isso. O novo diretor geral não me deu muita escolha. Se você é tão boa nisso, você pode criar o programa de controle de tabaco. Eu sabia que ninguém tinha conseguido fazer isso até então".

Foram cinco anos em compasso de espera. Na OMS, nada é simplesmente criado, tudo é aprovado em assembléia e precisa ser por unanimidade. Alguns países vivem praticamente só da economia do tabaco e causaram entraves sucessivos à aprovação de qualquer projeto contra o cigarro. Mas ela conseguiu, foi promovida e aposentou-se no cargo. Lembra não ter sido a primeira a falar do assunto na Suíça.

"A realidade é que, quando eu criei o programa, havia muitas organizações não-governamentais bastante ativas nesse campo, mas não havia voz unificada e também não existia aquele movimento político importante, que só a Organização Mundial de Saúde pode provocar. Em três anos, nós tínhamos resoluções muito claras sobre vários aspectos do controle do tabaco e da responsabilidade de cada Estado membro promover a abstenção do tabaco entre sua própria população."

A entrada da OMS na luta contra o tabaco modificou completamente a realidade de vários países. Para muitos governos, seria quase impossível vencer a pressão econômica interna sem o apoio de uma assembléia vinculada ao sistema da Organização das Nações Unidas (ONU). O trabalho de várias ONGs nesses países era sempre sufocado por interesses políticos e econômicos. Às populações, jamais era dado o direito de saber os riscos envolvidos no ato de fumar. Claire Chollat-Traquet dispara gargalhadas quando fala sobre as conversas com o país mais favorável à indústria do tabaco – o pequenino Malauí, no sudeste da África. Mas não há país pequeno na OMS, pois um voto basta para derrubar qualquer decisão da assembléia.

"No final, todos os políticos acabaram convencidos. Até em Malauí, que nos deu muitos problemas, evidentemente pago pela indústria do tabaco, onde o ministro da Saúde não fumava, o presidente não fumava...", ela desata a rir.

A dra. Claire tem orgulho de dizer que o Dia Mundial sem Tabaco levou às ONGs e à população de vários países documentação adequada sobre os efeitos do tabaco. A organização da data e a obtenção dos documentos é cara – trabalho especializado que não se tornaria acessível em prazo tão curto na maioria dos países envolvidos.

Ela rodou o mundo, sabe falar para várias platéias, entende muitos tipos de mulheres com prioridades completamente diferentes na vida. "A mensagem às brasileiras fumantes é simples: 'Pensem nas suas crianças e pensem na sua beleza' – porque as brasileiras são lindas – 'e parem de fumar'.".

Olhando para trás, Claire Chollat-Traquet não entende como tudo aconteceu tão rápido, como as pessoas em vários países passaram a achar natural não fumar em hospitais, aeroportos, aviões, escolas e repartições públicas. "O processo demorou muitos anos, mas foi bem mais rápido do que eu considerava possível quando comecei o programa. E, sabe, sou pessoa muito dinâmica, muito cheia de energia; quando quero alguma coisa, faço. Mas nunca pensei nem por um segundo que iria fazer tão rápido nem tão bem."

COISA DA VERA

"ISSO AÍ ERA COISA DA VERA."

"Você já falou com a Vera? Nem adianta falar comigo, quem sabe disso aí tudo é a Vera."

"E a Vera? Você tem notícia dela? Porque quem sabe direito isso que você está me perguntando é a Vera."

"Você tem certeza de que quer falar comigo? Eu acho perda de tempo. O que é que eu vou falar? Liga para a Vera que ela te conta tudo, ela que fez tudo isso aí."

"A Vera" é Vera Luiza da Costa e Silva, consultora internacional da Organização Mundial de Saúde. Já coordenou mundialmente o programa contra o tabagismo da OMS e fez isso nacionalmente também, começando pelo Instituto Nacional do Câncer (Inca).

À frente do governo de São Paulo, o ex-ministro da Saúde, José Serra, quer notícias. "Ela está em Genebra ainda? A Vera é sacerdotisa, apóstola da luta antitabagista."

Adib Jatene, cardiologista e ex-ministro da Saúde conta que só deu os primeiros passos no controle do tabaco por influência dela. "A Vera, no Inca, estava pelejando, pelejando, pelejando. Me convenceu a botar aquelas coisas todas no maço de cigarro. Quando existe consenso e conscientização, essas pessoas conseguem impor suas posições. Se não fosse ela, o Ministro não iria fazer. Porque o ministro tem mil problemas na cabeça."

Na década de 1980, Vera Luiza da Costa e Silva era médica com cargo de chefia, pneumologista responsável no Serviço de Cirurgia de Tórax do Instituto Nacional do Câncer no Rio de Janeiro. Enfrentava, como várias profissionais brilhantes da época, dilema cruel entre a vida familiar e a vida profissional. Engravidar era imperdoável para a trabalhadora da década de 1980.

"Quando voltei da gravidez, tinham colocado outra pessoa no meu lugar. Fui, de certa forma, 'lateralizada' pelo fato de que saíra para ter meu filho. Comecei a ficar muito brava com a história. Passei a participar mais ativamente dos movimentos do hospital. Havia campanha salarial em curso. Comecei a participar. Lá pelas tantas, estava envolvida com outras pessoas na liderança da campanha, tive acesso à diretoria em Brasília e ao superintendente regional no Rio de Janeiro. Ajudei na negociação da saída, que era boa para as duas partes."

"Você tem muita habilidade de negociação, é pneumologista, e a gente está começando a trabalhar com prevenção, com programa de prevenção de câncer, você não quer ajudar a gente no programa de prevenção de câncer, de repente, com a parte do tabagismo?", assim ela foi convidada a pôr a mão na massa.

Em luto pela morte recente da mãe, Vera inicia o trabalho se dividindo entre duas crianças pequenas em casa, o dia-a-dia da pneumologia no Inca e o projeto embrionário de luta contra o tabagismo. O trabalho era fora de expediente, voluntário e sem nenhum prestígio. Aliás, nem pegava bem para a família e os amigos essa história da médica de prestígio que resolvia ficar falando de cigarro.

"As pessoas não valorizavam isso como trabalho de médico. Na família, ouvi muitas vezes dizerem 'Ah, você abandonou a medicina", porque eu passei para o controle de tabagismo... As pessoas viam isso muito como... nem sei como... Nos próprios órgãos de Saúde Pública as pessoas não viam isso como coisa séria. Os sanitaristas todos fumavam, achavam que aquilo era coisa meio de fanático, de exército de Brancaleone – utopia de gente chata, que não tem muito o que fazer. Tanto que eu precisei fazer doutorado de Saúde Pública para começar a ser ouvida pelos meus parceiros de Saúde Pública."

Se tem algo em que Vera Luiza da Costa e Silva se especializou foi em conseguir ser ouvida por gente que toma decisões. Descobria quem decide sobre o assunto e ia atrás, sem perder tempo. Rodava o Brasil, convencia secretários de Saúde, plantava para colher depois. Conseguiu levar adiante muitas idéias inovadoras. De tanto trabalhar, foi parar no cargo mais alto do mundo na área de combate ao tabagismo. Não imaginava que a experiência acumulada no Brasil e o sucesso ao enfrentar dificuldades de estrutura fossem o passaporte para a vaga na Organização Mundial de Saúde.

"O que aconteceu comigo foi o seguinte: tínhamos aquele programa de alto sucesso no Brasil e que sempre foi muito contrastante com o pouco envolvimento e a pouca atividade na região, na América Latina e na maior parte dos países em desenvolvimento do mundo, e mesmo nos próprios países desenvolvidos", ela recorda. "Quando se pensou em criar o tratado, porque saiu a resolução da Assembléia Mundial da Saúde para fazer o tratado, fui convidada para ser vice-presidente da primeira reunião acontecida em Genebra para discutir o texto inicial a ser negociado. Éramos duas presidentes, eu e a Margaret Chan, atual diretora da Organização Mundial da Saúde. Participamos dessa discussão e claro que a visibilidade da gente começa a surgir internacionalmente – o Brasil começou a ser chamado para vários fóruns internacionais. Não só eu, mas várias pessoas da minha equipe começaram a ir para divulgar esse tipo de informação."

O então diretor do programa de tabaco da OMS saiu do cargo, porque foi alçado para patamar mais alto dentro da organização, que abriu a vaga para concurso. "A OMS normalmente convida várias pessoas que identifica como potenciais bons candidatos em vários lugares do mundo para concorrer a esse cargo. Eu tinha acabado de fazer meu doutorado em Saúde Pública e terminado o mestrado em Administração de Negócios no Setor Saúde, tinha experiência de mais de quinze anos com programa de controle do tabagismo em país de dimensões continentais como o Brasil, além de experiências internacionais na participação de eventos, cursos, na América Latina, nos países de língua portuguesa, em vários locais do mundo. Meus trabalhos foram publicados dentro e fora do Brasil. Estava categorizada para a função. Participei do concurso e fui selecionada."

A pneumologista brasileira, que aprendeu a fumar na faculdade e largou o cigarro durante a gravidez, começou por acaso o caminho que a levaria à direção da Tobacco Free Initiative da Organização Mundial de Saúde. É o posto mais alto do mundo em controle de tabaco. Depois de viver em Genebra, Vera volta ao Brasil.

"Nunca pensei, mas cheguei lá e foi uma experiência fantástica na minha vida. Fantástica. Saí porque minha família toda estava aqui, meu marido ficou no Brasil e eu voltei para não desmanchar a minha família Agora, trabalho como consultora internacional para a OMS, para a Organização Pan-Americana da Saúde e para o próprio governo brasileiro."

FUMAR, VERBO FEMININO

MULHER FUMA DIFERENTE. A cardiologista Jaqueline Scholz Issa é tão segura que se acredita logo quando ela diz isso. Nunca fumou, mas tem na ponta da língua todas as variações entre os modos feminino e masculino do vício. Quem fuma logo se reconhece naqueles detalhes. São histórias e mais histórias todos os dias no Ambulatório de Tabagismo do InCor. Isso vira ciência, pesquisa com repercussão em toda a mídia nacional.

O nome é pomposo. "Efetividade da bupropiona no tratamento de pacientes tabagistas com doença cardiovascular". Obviamente, não foi isso que chamou a atenção da imprensa, mas um dado descoberto no meio da pesquisa – para as mulheres, é mais difícil parar de fumar do que para os homens.

Em abril de 2003, essa informação foi capa de duas das principais revistas semanais do país e assunto dos principais jornais. "Conclusão das mais evidentes é o fato de que as mulheres usam o cigarro como muleta emocional, diz a médica Jaqueline. Entre os homens, o vício é muito mais químico do que psicológico". O trecho da revista Veja traduz parte do estudo longo e trabalhoso, que implicou o acompanhamento de 100 pacientes durante um ano inteiro por equipe multidisciplinar do InCor.

A luta das mulheres contra o cigarro engloba também o capítulo dificílimo da luta feminina contra a balança. Parar de fumar engorda, e esse é o principal fator psicológico que leva as mulheres de volta ao vício. São, em média, 7 quilos, diz o estudo feito no InCor em 2003. Os homens não ganham peso do mesmo jeito. Mas, mesmo que ganhassem, a maioria talvez nem pensasse em voltar a fumar por causa disso.

A nicotina aumenta a queima de gordura, todo fumante sabe. Mas, se fosse só isso, a relação entre cigarro e peso seria igual ou pelo menos muito parecida para homens e mulheres. O estudo mostra que as mulheres tendem mais a substituir a falta do cigarro por comida e fazem isso com mais freqüência, porque têm crises de abstinência mais intensas que as dos homens.

A pesquisa feita no InCor pretendia descobrir se o novo tratamento de vanguarda contra o tabagismo era efetivo e seguro para pacientes com doença cardiovascular. Mas, lidando com o vício, era impossível não notar o que provocou o reposicionamento de mercado das empresas de cigarro trinta anos antes: a relação entre mulheres e tabaco. O mercado feminino passou de acessório a preferencial assim que se descobriu que a mulher teria muito mais dificuldades para largar o cigarro – algo que as *tabacaleras* haviam descoberto e, naturalmente, escondido sob sete chaves.

Em 28 de junho de 1973, Valerie Friedman manda em memorando para Dick Smith o estudo "The Female Smoker Market" ("O mercado fumante feminino"), feita para a Lorillard, fabricante de cigarros norte-americana que não atua no mercado brasileiro. É um dos documentos tornados públicos pelas cortes norte-americanas. Na capa, o aviso: "Conforme seu pedido, reuni as informações existentes sobre mulheres e fumo. Assim que essa informação for absorvida, poderemos nos concentrar em investigar formas de aproximação nas quais a Lorillard venha a investir para entrar com sucesso no mercado feminino de cigarros".

Havia incrível variedade de informações, que não chegavam ao público na época. "Se as tendências atuais continuarem, as mulheres podem vir a dominar as vendas de cigarro. As fumantes mais leais são as mulheres que trabalham, e essas vão em breve ser mais numerosas que as donas-de-casa em tempo integral. (...) Embora a porcentagem de homens que fumam atualmente continue maior que a porcentagem de mulheres fumantes, a margem de diferença caiu de 29 pontos percentuais em 1955 para somente 12 pontos percentuais em 1970."

O estudo era feito nos Estados Unidos, onde já existia algum tipo de movimento de combate ao tabagismo desde 1964, quando o próprio governo emitiu relatório de grande repercussão relacionando o cigarro a diversas doenças. Naquele ano de 1973, já era possível analisar a diferença de comportamento de homens e mulheres que tentavam deixar o cigarro. O sucesso entre elas não era grande coisa.

Segundo o relatório da Lorillard, em 1955, 57% dos homens norte-americanos fumavam, contra 28% das mulheres. Em 1966, o número de fumantes homens cai para 51% enquanto entre elas o cigarro fica mais popular, são 33% de fumantes. Até 1970, o número de homens fumantes cai para 43% nos Estados Unidos, e o de mulheres cai pela primeira vez, mas só 2 pontos percentuais, chegando a 31%. Pelo gráfico a seguir, torna-se nítido o ritmo de equiparação do percentual de fumantes entre os sexos.

Figura 3 | FUMANTES NOS ESTADOS UNIDOS, por sexo, 1973

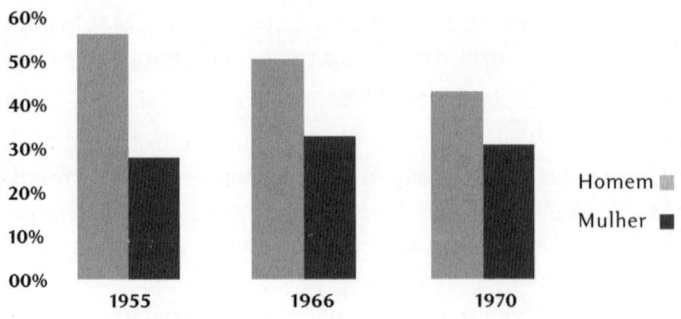

Fonte: Pesquisa The Female Smoker Market, Lorillard, 1973

A importância crescente da mulher fumante para os fabricantes se deve a vários fatores, incluindo menos mulheres largando o cigarro, mais mulheres começando a fumar e mulheres fumantes aumentando seu volume diário de cigarros.

De acordo com pesquisa recente da Health, Education and Welfare (HEW), órgão do governo dos Estados Unidos que cuida de saúde, educação e bem-estar, somente 13% das mulheres adultas deixaram de fumar, comparados com 33% dos homens adultos. Mesmo assumindo que sejam representações exageradas, é óbvio que os homens têm mais tendência a deixar de fumar.

Ainda que 1 milhão de adultos deixem de fumar anualmente, cresce o número dos adolescentes que estão começando a fumar, com as meninas representando proporção cada vez maior dos fumantes nessa faixa etária. Nos últimos quatro anos, os fumantes no grupo de 12 a 18 anos aumentaram de 14,7% para 15,7% entre os garotos e de 8,4% para 13,3% entre as garotas. Essa distância diminuída entre os sexos nos primeiros anos é significativa, porque representa menor diferença entre fumantes dos dois sexos na idade adulta.

Em 1973, a indústria do cigarro já sabia que largar o vício leva a mulher à luta contra a balança. No capítulo 5, "Hipóteses para explicar os fatos de mercado", a abertura fala exatamente desse fator, que continuaria válido 30 anos depois, conforme a pesquisa feita pelo InCor entre mulheres brasileiras. Várias razões foram propostas para explicar por que mais mulheres do que homens não querem ou não conseguem parar de fumar. Uma delas é a grande preocupação que as mulheres têm de ganhar peso caso parem de fumar. Esse medo, sem dúvida nenhuma, evita que muitas mulheres desejem parar de fumar.

A pesquisa da Lorillard mostra que as mulheres, mais do que os homens, sabem que fumar controla o peso, se preocupam em ganhar peso parando de fumar e fumam quando têm fome, mas não querem comer. Mas a mesma pesquisa mostra ainda que elas estão bem mais preocupadas em parar de fumar, dizem que é ruim para a saúde, que realmente querem diminuir ou parar e que gostariam de cortar o cigarro de sua vida.

Essa pesquisa norte-americana mostrava que as donas-de-casa em tempo integral conseguiam atingir esse objetivo. Em quatro anos, de 1966 a 1970, a porcentagem das fumantes entre elas caiu de 32% para 27%. Mas, no mesmo período, não mudou a porcentagem de fumantes entre mulheres que trabalham, 37%. A conclusão é que, como o número de mulheres no mercado de trabalho deveria aumentar, o número de fumantes também iria aumentar.

Trinta anos depois, as mulheres que trabalham são maioria no Brasil, e a pesquisa do InCor revela novos fenômenos no fumar feminino. Elas têm mais vontade de fumar ao ver alguém fumando ou ao sentir o cheiro da fumaça do cigarro. Para as mulheres, acender um cigarro é como um ritual seguido em grupo. Os "fumódromos" das empresas se tornam palco de pesquisa. Lá, os homens aparecem sozinhos, enquanto elas sempre estão acompanhadas. Várias mulheres também disseram na pesquisa que largar o cigarro era muito difícil, porque se sentiam mais seguras e autoconfiantes quando fumavam.

Além dos detalhes científicos da reação dos pacientes ao tratamento com bupropiona, o estudo trazia novidades importantes, como outros conduzidos por Jaqueline Scholz Issa no InCor. As descobertas da médica não se restringem ao meio científico – elas ganham a rua nas capas de revistas e jornais, aparecem na televisão, chegam pelo rádio a todo o país. Em 2003, o Brasil não tinha mais a mulher sensual, moderna ou confiante que fazia propaganda de cigarro. A profissional de sucesso era a médica Jaqueline, falando da mais recente pesquisa e de seu trabalho contra o tabagismo. As famosas continuavam nas capas das revistas, mas contando o que faziam para deixar de fumar. Golpe fatal em toda a esperança que a indústria de cigarros depositou nas mulheres do Brasil.

2
BRASIL, O FUTURO DAS FUMAGEIRAS

EM ABRIL DE 1980, uma semana depois do Dia Mundial Sem Tabaco, a rede britânica de televisão BBC apresenta um programa que tem o Brasil como personagem central. O *Panorama* daquela semana se intitula "A Dying Industry" ("Uma indústria agonizante"). O âncora, Peter Taylor, explica que a Organização Mundial de Saúde havia declarado guerra contra a indústria do tabaco e prometia levar aos telespectadores os bastidores da história de como, onde e com que armas a indústria brigava pela própria sobrevivência.

O primeiro bloco do programa se chama "We are not Doctors" ("Nós não somos médicos") e começa com a palavra "Brasil": "Em países de Terceiro Mundo, como o Brasil, as vendas de cigarro estão em crescimento. No Ocidente, elas estão estagnadas ou caindo. O Brasil é a nova fronteira da indústria. Não é por acidente que as vendas são crescentes. Para capturar essa nova geração de fumantes, a indústria usa todas as sofisticadas técnicas de marketing que não pode mais usar no Ocidente".

Nesse ponto, entra um filme conhecido de quem tem mais de 20 anos – aquele dos esportes radicais com empolgante música de fundo e só três palavras: "Hollywood, o sucesso". O programa afirma que o alvo é a geração largamente desavisada sobre os males do cigarro e sobre a montanha de evidências com a qual o Ocidente está agora familiarizado.

Umas das maiores fabricantes de cigarros do mundo é a British American Tobacco (BAT). Sua subsidiária brasileira, Souza Cruz, é retratada como "a jóia da coroa", detentora de 83% do mercado no país. A posição dela na questão que envolve fumo e saúde era a mesma da indústria no mundo inteiro naquele início dos anos 1980. O representante da empresa, Alan Long, aparece para dar declaração: "A evidência médica, até onde eu sei, é de natureza estatística e é, como você sabe, visão da indústria que nenhuma evidência foi produzida que estabeleça relação causal entre fumar e quaisquer das doenças com as quais isso tem sido associado".

O repórter pergunta ao representante da Souza Cruz se ele acredita que fumar faz mal à saúde. Alan Long diz que não é médico e, por isso, não pode dar opiniões médicas.

O quartel general da BAT escreve à BBC para endossar a opinião da Souza Cruz sobre o assunto. Mas o programa conversa com cientistas que trabalharam para a empresa e afirmam ser de conhecimento geral toda a gama de males causados pelo cigarro.

Em 1980, acredita-se que é necessário levar os países produtores de tabaco a formar alianças contra os antitabagistas, cabendo ao governo do país mais afetado encarregar-se de liderar os esforços para evitar que a campanha antitabagista ganhasse credibilidade e força na região. Na África, Malauí; na Ásia, Indonésia; na América Latina, Brasil. O país retratado com cenas de carnaval até para falar de câncer é tido como o mercado mais promissor pelo número de pessoas, pelo baixo preço do maço de cigarro e pela incrível capacidade de produção de tabaco.

São 120 milhões de brasileiros, 20 milhões deles fumantes – 135 bilhões de cigarros consumidos em 1979. Inflação de 70% ao ano, mas crescimento certo, liderado por São Paulo, onde fumar é símbolo de sucesso. O que assustava era acompanhar os dados estatísticos de câncer de pulmão, que aumentavam exatamente à medida que mais gente começava a fumar. Os casos haviam crescido 700% nos últimos 40 anos entre os homens de 50 a 59 anos e quase 900% entre os homens de 60 a 69 anos.

Todo brasileiro já ouviu que o brasão do país tem dois ramos. Um é de café. O outro, de tabaco. No século XIX, nossos imperadores faziam decretos especiais para taxar o fumo. Essa fatia de impostos continua importantíssima durante décadas e confere poder especial à indústria de cigarros quando se descobrem as conseqüências maléficas do produto. Em 1980, a Souza Cruz paga em impostos 9% de todo o recolhimento federal do país. Sozinha, emprega direta e indiretamente entre 2,5 milhões e 3 milhões de pessoas.

A ditadura militar não sabe muito bem o que fazer sobre a questão. Recebe pressões de quem trabalha na área da saúde para ao menos alertar a população sobre os riscos do cigarro, mas não quer sacrificar a receita nem se enfraquecer publicamente. Na dúvida, não faz nada e deixa que as companhias ajam livremente. O cigarro faz parte do dia-a-dia do brasileiro, está arraigado na cultura militar do país. Entra oficialmente no ritual militar pelo Decreto nº 9.998 de 8 de janeiro de 1913, assinado pelo marechal Hermes da Fonseca e seu ministro da Guerra, general-de-divisão Vespasiano Gonçalves de Albuquerque e Silva, mais conhecido por ter virado nome de município mineiro, devido a seu trabalho como engenheiro responsável pela construção da Ferrovia Central do Brasil.

CAPITULO VI
DAS CONTINENCIAS INDIVIDUAES

Art. 52 A continencia é sempre obrigatoria e prestada em todos os gráos da hierarchia militar. O superior tem obrigação de corresponder á continencia ou cumprimento que lhe fôr feito, excepto quando estiver em fórma.

O militar desarmado, quando fallar ao seu superior, levará a mão direita ao gorro ou kepi, tocando-o com a primeira phalange do dedo index na extremidade, acima do olho direito, tendo a palma da mão inteiramente voltada para a frente, os dedos uni-

> dos, conservando-se nesta posição emquanto estiver em presença do seu superior; é essa a posição de continencia que deve ser tomada de um modo vivo e decidido; o militar rectifica a sua posição, levanta a cabeça e olha para a pessoa a quem saúde. Si estiver fumando, tira o cigarro ou charuto com a mão esquerda.

O cigarro permanece nos códigos militares. Em 10 de fevereiro de 1942, Getúlio Vargas aprova o Regulamento de Continências, Honras e Sinais de Respeito das Forças Armadas, decreto nº 8.736. Também ali se dispõe sobre o que o militar deve fazer para prestar continência se estiver fumando um cigarro.

CAPÍTULO V
PROCEDIMENTO DO MILITAR EM SITUAÇÕES DIVERSAS
(...)

44. Se está fumando, se conduz uma sobrecarta ou pequeno embrulho, passa para a mão esquerda o cigarro ou sobrecarta ou embrulho, e faz a continência segundo o art. 16 deste Regulamento.

Na mesma década de 1940, os militares popularizam mundialmente os cigarros, que passam a ser comprados pelo governo norte-americano e incluídos nas rações diárias das frentes de batalha. A guerra acaba, os anos passam, mas fumar continua a fazer parte da cultura militar aqui no Brasil.

Em 1980, propaganda de cigarro era parte do dia-a-dia. Nessa época, a Souza Cruz apoiava todas as campanhas de vacinação no território nacional. O médico Adib Jatene assume a Secretaria de Saúde do Município de São Paulo, nela permanecendo de 1979 a 1982, e lembra como era comum ter patrocínio da indústria do tabaco em ações de saúde pública.

"Quando fui Secretário da Saúde, tive assessoria do dr. José Rosemberg. Ele me chamou a atenção porque, nas campanhas de vacinação e nas campanhas da Secretaria da Saúde, uma companhia de cigarros patrocinava parte das iniciativas. Disse ele: 'Isso é despropósito. Como a Secretaria da Saúde aceita participação de veículos com o logotipo dessas empresas em medidas de saúde pública?'. Acabamos com isso", conta Jatene.

O pneumologista José Rosemberg é militante antitabagista dos mais conhecidos no Brasil. Foi entrevistado num programa da BBC de Londres, e o oncologista Antônio Pedro Mirra solta gargalhadas ao saber que a transcrição do programa está nos arquivos da Philip Morris. "Eles têm tudo. Eu e o Rosemberg demos entrevistas aqui, no Hospital do Câncer, eles vieram e gravaram. Essa foi a primeira campanha que teve interesse nacional, trouxe até a BBC de Londres para cá. A gente começou em 1975. Em 1979, esse movimento todo começou a despertar interesse e eles vieram sentir como era."

O programa usou os dados do Registro de Câncer de São Paulo, fundado por Antônio Pedro Mirra em 1969. Na entrevista, José Rosemberg aparece preocupado: "Os jovens, aqui no Brasil, estão começando a fumar mais cedo do que há dez anos, e isso é por causa da propaganda maciça na televisão sobre temas como o sucesso na vida, o *glamour* e essas coisas às quais jovens dos 12 aos 19 anos são muito suscetíveis".

A cena é cortada para um comercial de cigarros. Depois, garotos numa favela. Outro comercial de cigarro glamouroso. É o contraste que chama a atenção. Espectadores daquele mundo além do alcance dos garotos. A televisão e o cigarro o trazem para mais perto. Torneio de tênis com lindas garotas. Esportes radicais, neve, pára-quedas, asa delta. "Hollywood, o sucesso". O repórter pergunta ao representante da Souza Cruz o que exatamente a empresa quer dizer com esse *slogan*. "O uso da palavra 'sucesso' tem significado duplo. Nosso entendimento do uso da palavra 'sucesso' associada com Hollywood é que Hollywood é marca de muito sucesso e é a isso que nós nos referimos quando usamos essa palavra." O repórter cutuca Alan Long:

"Mas o senhor acha que é assim que o consumidor vê isso?"

"Não poderia lhe dizer."

A entrevista editada fazia sentido em 1980 –, agora, na primeira década do século XXI, a versão sem cortes é reveladora.

"É provável que o consumidor leia isso nesses termos?"

"Eu pensaria que sim, nós também falamos com freqüência com a imprensa aqui e certamente eu disse em muitas ocasiões e nosso diretor de marketing disse em muitas ocasiões que Hollywood é a maior marca no Brasil. E está entre as dez maiores marcas no mundo, marca de muito sucesso."

"Por que vocês associam Hollywood com *glamour* e sucesso?"

"Difícil pensar... *glamour* é realmente uma palavra muito subjetiva."

"Carros velozes, *buggies* nas dunas, surfar, isso não é glamouroso?"

"*Glamour*, como eu digo, é abordagem subjetiva do assunto. Nossa estratégia de marketing realmente... e eu acho... talvez que devesse explicar melhor... alguém deve dizer que há gama de preços grande no Brasil. A marca mais cara é algo como três vezes o preço da marca mais barata, é situação bastante incomum no mercado de cigarros, acredito. Então, nossa política de marketing é verdadeiramente fazer a gama completa de preços disponíveis para o consumidor... que caibam no seu bolso."

"Respeitosamente, senhor, o senhor não respondeu à minha questão, que era: carros velozes, *surf, buggies* nas dunas, envolvendo pessoas jovens, atraentes e lindas, fumando cigarros, não são glamourosos?"

"Isso poderia apelar para as pessoas que estão fumando Hollywood."

"Pessoas jovens."

"Pessoas jovens, eu acho de novo, você tem que contextualizar."

"Bem, senhor, eles não são as mães e pais, são?"

"Bom, eu acho que, se você me permitir colocar o Brasil no contexto de ser país jovem... 60% da população tem menos de 25 anos aqui... então, talvez eles sejam pais e mães, eu não sei. Mas em todos os acontecimentos estamos lidando com um perfil de população jovem."

"O senhor acha que esses anúncios aos quais eu me referi não são glamourosos?"

"Eu realmente não posso medir *glamour* de maneira objetiva. Eu acho que eles são efetivos e isso é o que nós tentamos alcançar."

"Vocês fazem propaganda diretamente para jovens?"

"Não, de maneira específica não. Você provavelmente sabe que a Souza Cruz é muito ativa em estabelecer um código de auto-regulação da propaganda, e nós somos muito rigorosos com ele. As regras principais desse código de propaganda é que nós não aparecemos na televisão até as 9 da noite."

"Até as 9?"

"Até as 9 da noite."

"Mas eu vi os anúncios do Hollywood às 7 da noite."

"Acho que você está se referindo a um patrocínio específico para o qual há referência no código regulador."

"Era o tênis."

"Sim, correto, que a Souza Cruz está patrocinando. Mas as regras gerais são que a propaganda de cigarro não aparece até as 9 da noite. Então, nós estamos anunciando para a audiência adulta, e os nossos modelos... nós não vamos usar modelos com menos de 21 anos... Então, nós muito especificamente não anunciamos para pessoas jovens."

A BBC é irônica na conclusão.

"Talvez os jovens brasileiros tenham entendido errado a mensagem. Eles gostavam tanto de 'Hollywood, o sucesso', que, em 1982, o cigarro virou marca de roupas. Também de sucesso. Hollywood Sport Line lança a primeira coleção com 100 pontos de venda na região centro-sul do país. A coleção seguinte é distribuída para 200 pontos de venda. Em 1983, são 1.500 pontos de venda."

Pesquisa do pneumologista José Rosemberg, em 1979, mostra que 50% dos estudantes da Universidade de São Paulo (USP) haviam começado a fumar quando tinham por volta dos 15 anos. "O fumante jovem de hoje é o consumidor de amanhã". Peter Taylor, o repórter do programa da BBC, relatava ter conversado com meninos em favela perto do Rio de Janeiro. "Eles contavam que havia fumantes em todas as famílias e riam quando perguntados se cigarro faz mal."

O Brasil chega à década de 1980 sem programa nacional de educação contra o tabagismo, sem nenhum alerta de saúde nos maços e sem nenhum sinal de restrições futuras. Aliando a isso a excelência na produção de tabaco e o quanto o governo dependia dos impostos do setor, era o país do futuro para a indústria de cigarro.

Enquanto a televisão pública britânica fazia esse programa, 40% do investimento britânico no Brasil tinha o nome Souza Cruz. Em 1979, o mercado brasileiro de cigarros era pouco maior que o britânico, com 135 bilhões de unidades vendidas ao ano. A diferença é que os brasileiros eram 120 milhões, 2,5 vezes a população do Reino Unido. O potencial de crescimento nessas condições é incrível.

Dinheiro e poder. Essa combinação básica desencorajava reações governamentais em relação à indústria do cigarro. Na década de 1980, a Souza Cruz era a maior companhia do setor privado no Brasil. Seu presidente, Alan Long, acabava de assumir o cargo e comemorava as relações boas e muito próximas com o governo brasileiro. As taxas e impostos pagos pela empresa representavam algo em torno de 9% de toda a arrecadação federal no Brasil.

A entrevista completa do repórter Peter Taylor com o então presidente da Souza Cruz foi transcrita pela concorrente Philip Morris, recém-chegada que ainda apanhava no mercado brasileiro. O repórter introduz na conversa a intenção da Organização Mundial de Saúde de desencorajar a produção de tabaco no Terceiro Mundo e quer saber se é algo que a empresa discutiria com o governo brasileiro.

"Obviamente há circunstâncias em que eu discutiria isso com o governo, se eu sentisse que o governo iria encorajar a redução no plantio de tabaco."

"Mas o governo é dependente pesado do tabaco pela sua receita, não é? Dessa forma, é improvável que faça muito nessa área."

"Bom, novamente, é muito difícil para mim prever o que o governo pode fazer. Mas eu diria que, até onde eu sei no momento, o governo tem imagem muito positiva tanto do cigarro quanto do mercado de tabaco."

"Está do seu lado."

"Eu acho que ele acredita que o que a indústria está fazendo é em benefício do Brasil.

Está muito alinhada com os objetivos brasileiros, que englobam balanço de pagamentos, que englobam a receita do governo, que englobam oportunidades de emprego e que englobam a fixação do fazendeiro no ambiente rural."

Em 1980, a controladora da Souza Cruz não era mais apenas uma empresa de cigarros; tinha estendidos os braços para setores vitais da economia brasileira. Serviços financeiros, varejo, papel e celulose. Isso e mais fumo era a British American Tobacco no Brasil, conglomerado capaz de crescer no meio de crises. Nesse mesmo ano, o déficit bilionário no balanço de pagamentos do governo brasileiro dá origem a uma crise econômica que se arrastaria por anos no país, culminando com a decretação da moratória da dívida externa em 1987. A indústria já começa a sofrer as graves conseqüências decorrentes da forte alta dos juros.

Mas a Souza Cruz não sofre os mesmos efeitos. Consegue aumentar tanto as vendas internas quanto a exportação de cigarros. Os resultados da Aracruz Celulose deixam a desejar, mas é devido a um incêndio, e não por causa de problemas econômicos. O ramo de sucos da BAT, Suvalan, alcança extraordinário sucesso, registrando 40% de aumento na produção. No período, mesmo com a entrada de outras gigantes do tabaco no mercado brasileiro, ela continua sendo responsável por 80% das vendas de cigarros no Brasil e atinge o mercado que se tornaria crucial anos depois – a China.

A Souza Cruz foi a primeira empresa do Brasil a entrar no programa oficial do governo de substituição de veículos a gasolina pelos veículos movidos a álcool. Em um ano, consegue ficar totalmente independente de combustíveis derivados de petróleo em seus cinco centros de processamento de fumo. Também se torna pioneira na utilização de carros elétricos nacionais, ao adquirir dois veículos da Gurgel para integrar sua frota.

Essa posição privilegiada englobava também prestígio social. Em 1980, o Instituto dos Arquitetos do Brasil premia a Souza Cruz pela restauração e preservação de monumentos da Floresta da Tijuca, como o Açude da Solidão, o Obelisco da Cascatinha e a Capela Mayrink.

As manifestações culturais mamam nas tetas da indústria de cigarro e propagam o *glamour* de fumar. O Brasil ganha o Projeto Carlton de Ballet, os Concertos Souza Cruz, os Destaques Hilton de Gravura e o Festival Arizona de Música Sertaneja. Até Jesus Cristo entra na história – a maior representação da Paixão de Cristo no Brasil, em Nova Jerusalém, Pernambuco, tem patrocínio da fábrica de cigarros.

Quem salva banhistas em perigo é a fábrica de cigarros. Operação Golfinho é o nome do programa para 4 milhões de veranistas em praias do Rio Grande do Sul. Brigada de mais de 1.200 pessoas, sendo 330 salva-vidas. Campeonatos de vela e procissões marítimas também tinham patrocínio de cigarros.

Os ídolos brasileiros da Fórmula 1 desfilavam as marcas de cigarro em altíssima velocidade. Levavam os logotipos a crianças de todo o Brasil, comemorando mais uma vitória do país, celeiro lendário de talentos do automobilismo.

Desde cedo, as crianças aprendem como o cigarro pode ser coisa que só beneficia o Brasil. O governo permite que a Souza Cruz tenha dois projetos voltados para a infância: Hortas Escolares e Clube da Árvore, ambos de educação ambiental.

Na década de 1980, não existia hostilidade contra o cigarro. "Era no mínimo esquisito pedir a alguém que parasse de fumar. A fumaça era ritual social, parte até da etiqueta, inclusive em consultórios médicos", conta o clínico geral e membro do corpo clínico do Hospital Sírio Libanês, em São Paulo, Alfredo Salim Helito.

"Era educado ter cinzeiro na mesa de trabalho. Ou aquele cinzeiro individual ou aquele coletivão, sabe?... aquele baldão com a areiazinha para você apagar o cigarro", lembra o dr. Helito. Quando comecei minha vida profissional como autônomo, no meu consultório tinha cinzeiro em cima da mesa." Comunicativo, ele gesticula para explicar o ritual do cigarro médico-paciente. "Não era raro, o paciente mais jovem tirava do bolso o cigarro e servia. Às vezes você aceitava o cigarro. Então, se fazia a consulta médica com você fumando e o paciente também...".

No programa da BBC, Peter Taylor pergunta a Alan Long: "Como você vê o futuro da Souza Cruz?

"Bem, a Souza Cruz está aqui há muito tempo e tem tido história de sucesso como parte do grupo BAT. Claramente, nos termos econômicos e sociais, o cenário no Brasil está mudando, e eu acredito que a Souza Cruz vai enfrentar novos desafios no futuro. Eu acredito que nós devemos estar preparados para responder a esses desafios e creio que a Souza Cruz tem futuro promissor em termos de sua produtiva participação no grupo BAT. Eu acho que nós temos gerenciamento muito bom. É boa companhia. Tem boa tradição de trabalhar em harmonia com as autoridades brasileiras, e eu acho que isso providencia boa base de lançamento para o nosso progresso contínuo..."

"O futuro é brilhante", interrompe o repórter.

"O futuro é brilhante", encerra Lang.

3
PONTO FORA DA CURVA

O RODRIGUIANO "COMPLEXO DE VIRA-LATA" é tão presente no modo de viver brasileiro que mascara até o sucesso no combate ao tabagismo. No imaginário do próprio povo – como dizia o grande dramaturgo Nelson Rodrigues –, o país é fadado ao fracasso ou ao ridículo em rigorosamente todas as áreas. Exceto naquelas que permitem manifestações futebolisticamente ufanistas. Pessoas bem informadas reagem com surpresa ao saber da *performance* brasileira no combate ao tabagismo. Parece incrível, mas, ao mesmo tempo que se torna o maior exportador mundial de tabaco e baixa o preço do maço, o Brasil consegue reduzir drasticamente o consumo interno e mudar completamente a imagem cultural do cigarro na sociedade.

Em 2007, surge abrangente estudo sobre as políticas de proteção da população contra o tabaco no país. Quem decide financiar a iniciativa é a Styrelsen för Internationellt Utvecklingssamarbete (Sida). Não é o governo brasileiro mostrando o próprio sucesso, mas a Agência Sueca de Cooperação para o Desenvolvimento Internacional, que tem fundo específico dedicado ao controle do tabaco. A pesquisa vira relatório do Banco Mundial, que envolve o próprio time em trabalho conjunto com a Universidade de Toronto, Canadá, e vários especialistas brasileiros ligados a instituições como a Organização Mundial da Saúde, o Ministério da Saúde, a Fundação Oswaldo Cruz e o Instituto Nacional do Câncer (Inca).

Logo na abertura, anuncia-se que o programa para controle do tabaco é considerado muito inovador e que o Brasil construiu base sólida para ganho sem precedentes em saúde pública. Marcos Moraes, ex-diretor do Inca, considera que sua maior vitória profissional é justamente o jeito brasileiro de combater o tabaco – premiado como o melhor do mundo pela OMS e destacado como o que conseguiu a maior redução de prevalência de fumantes no planeta.

A brasileira Vera Luiza da Costa e Silva participa do estudo como consultora da Tobacco Free Initiative da OMS. Comentando os resultados, dispara a definição tão precisa para a *performance* brasileira que vira título deste capítulo: "O Brasil é ponto fora da curva", crava a pneumologista.

"Eu acho que o Brasil avançou inclusive em boa parte dos países desenvolvidos do mundo que não tinha nenhuma política nessa área. Tem aquele negócio que a gente fala de cooperação norte-sul ou sul-sul. Pois o Brasil começou a cooperar sul-norte, a fazer cooperação sul-norte nessa área de controle de tabagismo e isso ficou notório."

Em 1989, 34% dos brasileiros fumam. Esse número cai para 18% em 2004 – redução de 35% no número de fumantes. Em 2006, o Ministério da Saúde faz uma pesquisa por telefone nas 27 capitais e afirma que a taxa de fumantes tinha caído para 16%. São os dados mais consistentes no Brasil, embora a comparação de uma pesquisa com a outra seja mais caso de força de vontade que de levantamento científico.

As questões sobre o que a pessoa fuma são parecidas nos três levantamentos. O consumo médio de cigarros por dia é 13,3 em 1989 e cai para 11,6 em 2003. Mas a primeira pesquisa é feita nas áreas metropolitanas de cada Estado, enquanto a segunda inclui também as áreas rurais do país. A terceira, de 2006, é só por telefone, em grandes capitais e com adultos acima de 18 anos de idade.

Um dado importante, que deve determinar o comportamento futuro dos brasileiros, é o aumento significativo do número de casas em que não se fuma. O cirurgião cardíaco Adib Jatene, que nunca experimentou o cigarro, apesar de pertencer a uma geração praticamente obrigada a associar vida adulta com fumaça, não pensa duas vezes antes de dizer que o ambiente na casa da pessoa é determinante: "Quando os pais fumam, é difícil impedir que os filhos fumem".

Os dados de orçamento familiar do IBGE mostram que, no biênio 1995-1996, 66% das casas brasileiras não dedicam um tostão à compra de produtos relacionados ao tabaco. O número sobe para 73% no biênio 2002-2003. Além disso, pode ter diminuído o número de fumantes por casa ou o número de cigarros por dia. Antes, em casa de quem fuma, 2,86% do orçamento anual era gasto com cigarro. Agora, o gasto é de 1,94%.

FUMAÇA COM DIPLOMA

Quase sempre, quem estuda menos e ganha menos se apóia mais no fumo, até por falta de informação ou alternativa. O "quase" da frase anterior se deve às conhecidas contradições do Brasil. Os brasileiros com nível universitário e pós-graduados fumam tanto quanto quem nunca teve a chance de freqüentar uma escola. Até o ensino médio, os dados seguem a tendência internacional. Os números sobem entre os diplomados em universidade ou com pós-graduação. A diferença fundamental entre quem estuda pouco ou muito é o acesso a cigarros industrializados.

Figura 4 | CONSUMO DE CIGARRO E OUTROS DERIVADOS DE TABACO NO BRASIL, por faixa de escolaridade, 2003

Nível educacional	Derivados de tabaco	Cigarros
Nehum formal	27,1%	13,6%
Menos de 4 anos	21,8%	16,2%
Além de 4 anos	20,7%	18,1%
Fundamental completo	15,9%	14,9%
Ensino médio	11,4%	11,1%
Universidade	12,21%	11,4%
Pós-graduação	14,3%	14,3%

Fonte: Pesquisa Nacional de Saúde, Ministério da Saúde, 2003

As cidades que têm as mais altas taxas de fumantes com diploma são justamente as capitais dos estados mais desenvolvidos do país – São Paulo, Porto Alegre, Curitiba e Florianópolis. No Rio de Janeiro, o dado é surpreendente. A diferença da taxa de fumantes entre a fatia mais educada e a menos educada da população é mínima, de 2 pontos percentuais. Das pessoas com menos de quatro anos de escolaridade, 19% fumam. Entre os que estudaram mais, a taxa é de 17%. Em capitais do Nordeste, a diferença entre fumantes e não fumantes tem relação com o tempo de escolaridade da pessoa. Na cidade de Recife, 26% das pessoas que estudaram menos de quatro anos fumam. Entre as que estudaram mais, só 11% consomem cigarros. Em Aracaju, a relação se repete, 20% contra 8%.

O fenômeno se repete também no impacto das campanhas antitabaco no país. Comparando os dados de orçamento do IBGE citados no relatório do Banco Mundial, é difícil entender o sucesso do tabaco entre os ricos e instruídos no Brasil. O maior sucesso no aumento do número de casas de não fumantes é na população que ganha mais de 30 salários mínimos, mas só estudou durante oito anos. Em seguida, vem quem estudou durante dez anos, mas ganha entre 20 e 30 salários mínimos. O terceiro lugar é para casas em que o responsável nunca estudou nada, mas a família fatura de 6 a 8 salários mínimos por mês.

A comparação é sempre entre dados do biênio 1995-1996 com os do biênio 2002-2003. Apesar de todo o sucesso das campanhas contra o tabagismo no período, aumenta o número de casas em que as pessoas fumam em alguns segmentos da população. A maior alta acontece entre os que nunca estudaram e ganham de 15 a 20 salários mínimos por mês. O segundo posto é o das casas em que o responsável estudou por até dez anos e a família ganha de 5 a 6 salários mínimos mensais. O terceiro lugar fica com os lares cujo responsável estudou mais de 12 anos, mas ganha até 2 salários mínimos.

Só não há aumento no número de casas em que há fumantes em dois estratos – os das pessoas que estudaram até sete anos e o das pessoas que ganham entre 2 e 3 salários mínimos. Mas também não é aí que se concentram os resultados de mais sucesso.

Se existe padrão entre as casas onde não se fuma e não se compra cigarro, ele obedece a alguma regra muito difícil de compreender. Os critérios mais óbvios seriam exatamente a renda mensal e o nível educacional – indicadores de acesso a informação de qualidade sobre efeitos do cigarro e sobre formas de tratamento para tabagistas. No entanto, não existe regra clara que obedeça a esses padrões. Para os especialistas, os números encontrados são surpresa.

Os dados precisos estão na tabela da Figura 5. Em destaque, os estratos educacionais e econômicos evidenciando queda no número de domicílios em que ninguém fuma e, portanto, surgiram novas casas de fumantes.

É importante lembrar que a pesquisa do IBGE aponta o número de domicílios com determinada faixa de renda em que o responsável tem determinada quantidade de anos de escolaridade e essa conta não se mantém estável ao longo do tempo. É possível que, em seis anos, as pessoas tenham estudado mais ou conseguido uma renda melhor e mudem de categoria. Um filho que resolva morar sozinho, um casamento ou uma separação de casal geram um novo domicílio na conta, com novas características. O estudo é difícil, porque compara consumo de cigarro com ascensão econômica e educacional.

Figura 5 | DIFERENÇA NO Nº DE CASAS NÃO FUMANTES NO BRASIL
Por nível educacional do responsável pelo domicílio e renda mensal, 1996-2003

salários mínimos por mês	nenhuma educação formal	até 7 anos de escolaridade	até 8 anos de escolaridade	até 10 anos de escolaridade	até 11 anos de escolaridade	+ de 12 anos de escolaridade
até 2	12,5%	9,9%	-5,7%	17,4%	10%	-25,2%
entre 2 e 3	16,5%	17,8%	27,6%	32,8%	23,5%	19,1%
entre 3 e 5	-0,7%	11,1%	20,4%	3,8%	4,5%	-8,5%
entre 5 e 6	9,3%	35,4%	-5%	-20,3%	23,9%	4,4%
entre 6 e 8	76,6%	20%	-4,5%	17%	2,1%	14,2%
entre 8 e 10	-11,5%	14,1%	40%	30,9%	10,6%	6,4%
entre 10 e 15	38,8%	15,9%	1,2%	-4%	9,2%	36,6%
entre 15 e 20	-63%	8,5%	47,1%	8,5%	15,4%	-13,7%
entre 20 e 30	-2,5%	37,8%	-6,9%	81,9%	15,2%	-4,8%
mais de 30	....	23,1%	101,4%	-16,6%	-12,3%	9,5%

Fonte: Comparação de pesquisas de orçamento doméstico do IBGE feita em *paper* do Banco Mundial

NEM SE FOR BARATO EU COMPRO

NOS MUNDOS DESENVOLVIDO e em desenvolvimento, a primeira política da qual os governos lançam mão para reduzir o consumo de cigarros é aumentar o preço. O Brasil consegue ser campeão na queda do número e da proporção de fumantes sem ter começado ainda a tornar o preço do maço questão de saúde pública.

A proposta já foi feita. Faz pelo menos quinze anos que é martelada pelos especialistas na cabeça dos políticos. O ex-ministro da Saúde, responsável pelo início da política antitabagista no Brasil, reconhece que a medida de aumentar a tributação é das que ficaram faltando. Mas Adib Jatene argumenta que a tributação não era pequena, "já era boa".

É verdade. Só que a conta é mais complexa. De alguma maneira, a indústria do cigarro conseguiu diminuir o preço do maço no Brasil, ainda que os impostos só tenham subido. Em 2006, por exemplo, os impostos federais sobre cigarros aumentam 30%. Mas o Banco Mundial estima que, para voltar ao preço do maço de 1993, é necessário um reajuste maior, de 118%, o que provocaria aumento de preços da ordem de 23%.

O principal motivo da descoordenação entre os programas de saúde pública e o preço dos cigarros é o fato de o Ministério da Saúde não fazer parte do processo de decisão. Quem manda no assunto é o Ministério da Fazenda, e a Secretaria da Receita Federal aplica as decisões. A preocupação é o balanço de arrecadação de impostos, e não o preço final do cigarro em comparação com o nível salarial brasileiro.

Entre 1990 e 1993 o preço real dos cigarros sobe bastante. É aquela época de inflação astronômica, mas, ainda assim, o reajuste fica 78% acima dos índices inflacionários. A alta é significativa, e os preços se mantêm assim até 1998. Daí, há queda no valor de venda do cigarro até 2001 Entre 2001 e 2005, os preços voltam a subir, mas são mais baixos do que a média registrada entre 1992 e 1998. O governo brasileiro jamais cortou impostos nem permitiu explicitamente que o setor baixasse preços. Mas o mercado é afetado por equação complicada, envolvendo impostos, índices inflacionários e nível do dólar. O preço final só pode ser regulado se o mercado de tabaco sair do bolo dos outros setores industriais.

O problema do cigarro barato é que aumenta o número de maços que o cidadão com nível médio de renda tem capacidade de comprar todos os meses. Isso desestimula quem já pensou em parar de fumar devido ao custo e estimula os mais jovens a se iniciar no vício. O salário médio brasileiro medido pelo IBGE em 1992 e 1993 era capaz de comprar 300 maços de cigarro de preço médio por mês. É o nível mais baixo registrado na nossa história. Em 2001, com o mesmo nível de renda, a pessoa podia sustentar 534 maços de cigarro por mês. Com a alta dos preços em 2005, o poder de compra cai para 443 maços de cigarro mensais.

Se controlar o preço final do maço já é complicado para o país, que não tem preocupação específica com isso, o poder de compra não é nem levado em conta pelo governo. Nessa equação, entram vários outros componentes. É perfeitamente possível fazer o cálculo, desde que a indústria do tabaco seja taxada de maneira diferente dos outros setores da indústria no país.

A indústria conseguiu diminuir o preço sem que o imposto diminuísse, porque a forma de cobrança mudou em 1999. Até esse ano, os fabricantes pagavam determinada porcentagem sobre o valor quando o produto saía da fábrica para o ponto de venda. Então, houve uma mudança na forma de cobrar o Imposto Sobre Produtos Industrializados (IPI), com o objetivo de desestimular o contrabando, que representa consumo não contabilizado nessas estatísticas, mas isso acaba não ocorrendo. A fórmula complicada de cálculo teve como efeito colateral a queda no preço final do cigarro em decorrência da queda da inflação.

Os estados também arrecadam impostos sobre cigarros, o Imposto sobre Circulação de Mercadorias e Serviços (ICMS). A forma de cobrança nunca mudou, continua sendo determinado com base em percentual sobre o valor. Quanto mais baixo o valor inicial, menos se acrescenta ao preço do cigarro e menor é o valor final.

O curioso é que o governo brasileiro jamais lançou mão da ferramenta mais famosa e mais efetiva para redução do consumo de tabaco – o controle de preços –, mas, ainda assim, o país consegue ser premiado internacionalmente pelos resultados de sua política de saúde.

CIGARRO PARA INGLÊS VER

A PRODUÇÃO DE FUMO no Brasil tem pouca ou nenhuma relação com as políticas de controle do tabagismo. É como se o produto cigarro pertencesse a um mundo e as conseqüências de fumar só fossem sofridas em outro. O Ministério da Agricultura, por exemplo, tem a Câmara Setorial do Fumo, da qual fazem parte representantes de outros ministérios, mas não do Ministério da Saúde. As atas das reuniões são públicas e recheadas de frases impressionantes.

"A Convenção-Quadro sobre Controle do Uso do Tabaco pode trazer efeitos em outros países, mas não no Brasil, onde a linha é de expansão da produção de fumo". Parece otimismo exagerado de Antônio Lício, representante do Sindifumo da Bahia na reunião de outubro de 2007. Mas ele não foi contestado por ninguém. Não crê em efeitos práticos do tratado internacional proposto pela Organização Mundial de Saúde, assinado pelo governo brasileiro e aprovado pelo Congresso Nacional, que, além de buscar lavouras alternativas para os fumicultores, prevê proibição total da propaganda, educação e conscientização contra o tabagismo, controle do mercado ilegal, tratamento da dependência de nicotina, regulação dos componentes e emissões dos cigarros e inserção de mensagens fortes e contundentes nos maços.

Mas medidas duras impostas pelo governo não são novidade no negócio. Exatamente no período em que endurece as leis e políticas públicas contra o uso do tabaco, o país experimenta o maior crescimento da produção de fumo na história. Hoje, os produtores brasileiros são os maiores exportadores mundiais de tabaco. Tomaram o posto dos norte-americanos, que aliam a política de saúde com a substituição de culturas agrícolas.

Desde a década de 1980, a China é o maior produtor de tabaco do mundo, mas a produção é quase toda voltada para o mercado interno. Os três maiores exportadores mundiais em 1980 eram Estados Unidos, Brasil e Zimbábue. Foi o ano em que os norte-americanos começaram a substituir as plantações de tabaco. O Brasil começa a turbinar enquanto os outros países reduzem a produção.

Figura 6 | PRODUÇÃO E EXPORTAÇÃO DE FUMO NO BRASIL, p/ton. 1980-2006

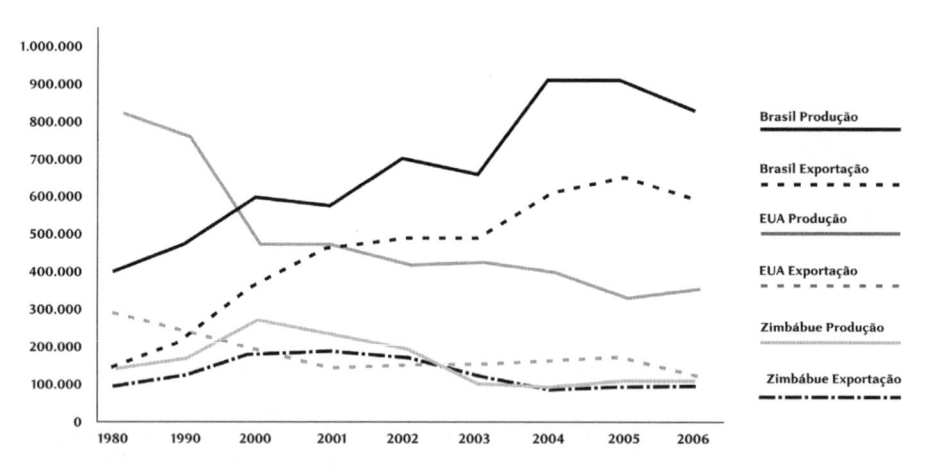

Fonte: Associação dos Fumicultores do Brasil (Afubra)

Em 27 anos, os Estados Unidos reduziram a produção e a exportação de fumo para menos da metade. O Zimbábue reduz na razão de um terço. O Brasil mais que dobra a produção e aumenta as exportações em impressionantes 348%, chegando ao posto de maior exportador mundial de tabaco. O volume de toneladas de fumo exportadas pelo Brasil é o dobro do recorde histórico dos Estados Unidos – 273 mil. O Brasil chega a exportar por ano mais de 600 mil toneladas de fumo.

Esta máxima rege a lógica dos produtores brasileiros: o fumo traz mais pão à mesa que defunto ao caixão. A frase é interessantíssima, mas não confere com a realidade. Diz a indústria do fumo que mais de 182 mil famílias se envolveram na produção da safra 2006-2007. Segundo dados do Ministério da Saúde contabilizados pelo Banco Mundial, o período registrou pelo menos 200 mil internações devidas ao uso de cigarro. Ou seja, para que uma família se sustente com a economia do tabaco, outra família vai ter de internar um de seus membros fumantes.

Os dados dos sindicatos ligados ao fumo superestimam o número de empregos gerados pelo setor. Diz-se que são 2 milhões e 440 mil empregos. Mas entram nesses números até os empregos gerados no setor de material de construção e transportes, onde a participação da indústria do cigarro no bolo do faturamento pode ser considerada inexpressiva.

Existe projeto para a substituição de culturas, principalmente no Sul do Brasil, que é pólo industrial dos maiores do mundo na produção de tabaco. Enquanto o Ministério do Desenvolvimento Agrário (MDA) estimula estudos-pilotos em busca de alternativas viáveis para esse complexo problema, a indústria tem conseguido aumentar exponencialmente o número de famílias ligadas à produção do tabaco.

Os agricultores recebem vários tipos de incentivos, além da garantia de compra da produção. Ganham facilidades para a renovação tecnológica, participam de cursos, têm seus direitos defendidos por associações fortes. Não vêem nenhum problema em entrar para a economia do tabaco, coisa que o governo brasileiro também acha normal.

Na safra de 1979-1980, menos de 95 mil famílias plantavam em 171 mil hectares e produziam 286 mil toneladas de fumo no Sul do Brasil. Na safra 2006-2007, o número de famílias produtoras quase dobrou, são 182 mil plantando em 360.910 hectares para produzir quase o triplo, mais de 758 mil toneladas de fumo. As áreas cultivadas com fumo continuam aumentando no Brasil e a produtividade é impressionante.

O mercado interno ainda é o principal consumidor do fumo brasileiro, mas os olhos dos produtores estão voltados para o exterior, principalmente para a China, que acende 1 de cada 3 cigarros no mundo e ainda não se importa muito. As vendas externas brasileiras nunca pararam de crescer em faturamento, apesar de todas as variáveis que atingem os números de cultura agrícola. Mesmo quando há queda no volume exportado, o faturamento se mantém em alta, devido a mudanças no preço internacional do tabaco.

É muito difícil entender exatamente qual é a política brasileira com relação ao tabaco. A propaganda de cigarro é proibida, mas as empresas que fabricam cigarros anunciam suas marcas na mídia, sempre associadas com ações de responsabilidade social. A política nacional de controle do tabaco do Instituto Nacional do Câncer já foi premiada mundialmente, mas o Brasil financia a produção de fumo. Por mais prejuízo que dê na área da saúde, o setor ainda tem voz ativa em ministérios ligados à área econômica e chega a pleitear mais financiamentos para exportação pelo Banco Nacional de Desenvolvimento Econômico e Social (BNDES).

A criadora dos programas de combate ao tabagismo da Organização Mundial da Saúde, Claire Chollat-Traquet, via com um misto de surpresa e curiosidade o engajamento brasileiro nas ações contra o tabaco. "Desenvolvi programas para o mundo e foi muito interessante que o Brasil se envolvesse tanto e tão rapidamente, considerando que o país é produtor de tabaco", declarou.

O cardiologista Adib Jatene explica a *performance* brasileira com uma conjunção de fatores, incluindo a confluência de um grande grupo de pessoas certas no lugar certo e na hora certa: "O nosso sucesso se deve de um lado a essas pessoas, Jaqueline, Vera, Marcos Moraes. Gente que durante anos lutou. Esse pessoal que é respeitado, conceituado, esse pessoal que teve papel fundamental na mudança do entendimento do problema. Por outro lado, o próprio Congresso Nacional aprovou a legislação que proibiu a propaganda. Enfim, foram fatores que se somaram para obter resultado positivo".

A primeira lei de restrição da propaganda ganhou o apelido de Lei Murad – de Elias Murad, deputado federal por Minas Gerais, que, como vereador em Belo Horizonte, continua a militância contra drogas em geral, especialmente a que mais vicia, o cigarro. Para o político e militante da área, quando as autoridades não atrapalham a ação de quem realmente se preocupa com o problema, já é meio caminho andado. Não precisa nem ajudar, boa vontade é mais que suficiente.

"Quando há empenho das autoridades públicas, há interesse realmente, pessoas preocupadas e o governo têm apoio a dar, a coisa se torna menos difícil. Não digo que se torne fácil, não. Mas, com menos coisa difícil, a gente já pode fazer bom trabalho."

Embora inunde o mundo com seu fumo, o Brasil sempre apóia a Organização Mundial de Saúde em todas as resoluções que restringem o tabaco. A aprovação de cada resolução depende da unanimidade dos 192 estados-membros e os produtores de tabaco costumam criar muitos problemas.

A criação do Dia Mundial Sem Tabaco dependeu de duras negociações com o governo do Malauí, país africano encravado entre Moçambique, Tanzânia e Zâmbia. Segundo o relatório do Fundo Monetário Internacional de 2005, é o país mais pobre do mundo – 80% da população vive em miséria absoluta e sem perspectiva de mudança. A quase totalidade de suas crianças não freqüenta a escola e trabalha com os pais na agricultura, que é sua principal atividade econômica, mas feita sem nenhum planejamento. As terras não são aproveitadas como poderiam.

Figura 7 | MALAUÍ, 70% do emprego vem da indústria tabageira

No Malauí, existe a indústria do cigarro, forte e organizada, que provê 70% dos empregos. Mesmo assim, os problemas de saúde decorrentes do fumo levaram as autoridades do país a ceder e referendar na OMS as resoluções contra o tabaco. O Brasil age como o Malauí – referenda as resoluções, mas não mexe na produção. São dois países muito diferentes. Os agricultores de Malauí não têm alternativas como as que o nosso governo seria capaz de oferecer aos agricultores do Brasil.

Parece que há muito o que fazer e o que corrigir nas ações brasileiras contra o tabagismo. Ainda assim, o Brasil é vanguarda em programas de combate ao fumo, premiado pela OMS. Além disso, consegue o mais difícil – retirar os significados sociais e os conceitos de *glamour* e rebeldia atrelados ao cigarro pela sociedade. Essa cultura acaba substituída pela aversão ao tabaco. Nem os fumantes escapam; a maioria quer parar.

Algumas coisas podem ser obra do acaso nesse setor, mas só são efetivas quando há o encontro de esforços coincidentes vindos de diferentes áreas. O controle do tabagismo é jogo de xadrez no tabuleiro em que estão presentes economia, relações internacionais, fiscalização de fronteiras, pressões políticas, atuação de grandes *lobbies* e mídia. A última fala mais alto e fala para mais gente, mas depende das anteriores quando o assunto é cigarro.

Amarrado às ações econômicas pela dificuldade no combate ao contrabando, o Brasil parte com tudo para a mídia. Ações políticas corajosas de proibição da propaganda vêm ao encontro de especialistas prontos para despir a roupa confortável da linguagem acadêmica e falar direto ao povo. O poder econômico começa a pesar menos sobre os órgãos de comunicação e a sociedade se mostra receptiva ao assunto. O sucesso das ações, é consenso internacional, depende de intervenções econômicas.

De qualquer maneira, a imagem do país no exterior é muito diferente daquela das pessoas aqui. "O Brasil é país muito rico em desenvolvimento de muitas formas. A população foi alertada sobre o perigo do tabaco, é absolutamente normal que os brasileiros sejam extremamente cuidadosos nessa área. É absolutamente normal que vocês estejam reduzindo o consumo", afirma a médica Claire Chollat-Traquet, que se aposentou da OMS.

O cardiologista Adib Jatene tem experiência de governo e já deixou de considerar que o Brasil seja país subdesenvolvido. "Nós não somos mais Terceiro Mundo, somos país desenvolvido que tem grandes desigualdades. As nossas desigualdades são maiores do que na França e em outros países, mas lá também tem desigualdade. Não é o desenvolvimento que elimina a desigualdade. O que elimina a desigualdade é a consciência social."

Há fartura de pessoas com consciência social e disposição para enfrentar a indústria poderosa do tabaco. Mas também falta coragem aos sucessivos governos brasileiros, dependente de impostos para coibir brechas do sistema econômico, que se alimenta de mortes, mas continua com rentabilidade fantástica e ótimas perspectivas.

4
1993, CORTINA DE FUMAÇA

A LUTA CONTRA O TABAGISMO começa o ano de 1993 com o pé direito. No primeiro dia de janeiro, entra em vigor a décima revisão da Classificação Estatística Internacional de Doenças e Problemas Relacionados à Saúde, feita pela Organização Mundial de Saúde. A diferença está no artigo CID-10, F17, "Transtornos mentais e comportamentais devidos ao uso de fumo".

São nove os tipos de transtornos considerados pela classificação:

> intoxicação aguda;
> uso nocivo à saúde;
> síndrome de dependência;
> síndrome (estado) de abstinência;
> síndrome de abstinência com delirium;
> transtorno psicótico;
> síndrome amnésica;
> transtorno psicótico residual ou de instalação tardia;
> outros transtornos mentais ou comportamentais;
> transtorno mental ou comportamental não especificado.

O médico Marcos Moraes, que era diretor do Inca nessa época, considera a inclusão do tabagismo na classificação um dos primeiros movimentos para o entendimento de que não se trata apenas de fator de risco de doenças, mas também de doença por si só, decorrente da dependência da nicotina e, como tal, a merecer tratamento.

Nesse mesmo ano de 1993, a Agência de Proteção ao Meio Ambiente dos Estados Unidos produz o primeiro estudo mostrando que a fumaça do cigarro no ambiente causa câncer. É resultado de análises exaustivas tanto da fumaça do cigarro queimando sozinho como da que é expelida pelo fumante. Fica encerrada a polêmica sobre o fumante passivo, que se arrastou durante anos, e é dada a largada para a criação dos ambientes limpos, livres de tabaco.

Há contra-ataque. A Philip Morris funda a The Advancement of Sound Science Coalition (Tassc, Coalizão para o Avanço da Ciência Responsável). À frente da entidade, o cientista Steven Milloy tenta desacreditar os resultados anteriores relacionando fumo passivo a câncer. Os focos principais são o ambiente de trabalho e os filhos de fumantes.

No ano seguinte, a Associação Médica Norte-Americana publica estudo atestando risco de câncer de pulmão aumentado em 30% nas mulheres que nunca fumaram, mas que inalam fumaça de cigarro no ambiente em que vivem. Em pouco tempo, ficaria inviável dizer que a fumaça do cigarro é diferente se aspirada diretamente ou do cigarro alheio a poucos centímetros de distância. A Tassc passou a se dedicar a outros temas, como petróleo e aquecimento global ou efeitos de pesticidas.

Essas informações chegam a conta-gotas ao Brasil do início da década de 1990. Ainda pouca gente sabe o que é internet. Entre a publicação científica original e o público leigo brasileiro podem se passar meses, se é que a informação realmente chega. Os médicos brasileiros ainda encontram dificuldades para divulgar os estudos que eles próprios produzem.

A população se informa exclusivamente pelos meios de comunicação de massa, patrocinados pelas fabricantes de cigarros. Quem consegue furar esse bloqueio, encontra outro – o da falta de interesse. Ninguém quer ouvir falar sobre doenças e proibições.

O ano de 1993 é também um momento histórico para a indústria do tabaco no Brasil. O país se torna o maior exportador do mundo, batendo pela primeira vez os Estados Unidos. Segundo a, International Tobacco Growers Association (ITGA, Associação Internacional de Plantadores de Tabaco), a produção foi recorde: 8,1milhões de toneladas de fumo cru e mais 7,3 milhões de toneladas de fumo processado. A liderança conquistada nunca mais foi perdida. A economia brasileira do tabaco passou a crescer ano a ano, voltada principalmente para a exportação.

Nesse ano, nasce no Brasil o maior fenômeno de marketing na indústria de cigarros do país, o Derby. Em apenas três meses do lançamento com pompa, circunstância e propaganda maciça, a marca vira líder de mercado e nunca mais perde essa posição. Segundo a fabricante, Souza Cruz, essa marca popular de cigarro chega a 2007 respondendo por 38% do mercado formal brasileiro ou 2 bilhões de maços ao ano. Hoje é o "sabor 100% Brasil". Em 1993, Derby era "O sabor que conquistou o Brasil".

O *slogan* causaria desconforto na atualidade, mas é absolutamente normal no país onde as crianças inventam brincadeiras usando as propagandas de cigarro. "Pega bem fumar Dallas." "Venha para onde está o sabor, venha para o mundo de Marlboro." "Pelo menos alguma coisa a gente tem em comum, Free." A mais popular de todas é a mais simples: "Hollywood, o sucesso".

Esta última era, até os anos 1980, a marca mais vendida no Brasil e ainda é a que mantém sucesso por mais tempo. Chega ao país em 1931 para concorrer com o Monroe, da Fábrica Veado, que não existe mais. É lançada, como todas da época, sem filtro. Ganha filtro em 1967 e prossegue na trajetória em que se desvincula da aura hollywoodiana de *glamour* para colar na imagem dos esportes radicais.

"Go for the Hollywood way." A frase é repetida dezenas de vezes, ao som de *rock*, misturando carrões com lábios carnudos, pernas, praia e multidões adorando *shows* inéditos no Brasil. É o festival Hollywood Rock. O de 1993 foi povoado por jovens de calças largas e camisas de estampa xadrez, sendo considerado a melhor edição de todos os tempos. No auge do movimento *grunge*, foram trazidos para o Brasil os maiores ídolos mundiais desse estilo.

A divulgação é tão primorosa que a série de comerciais produzidos pela MPM:Lintas ganha medalha de bronze no XXVI Prêmio Colunistas Brasil, um dos maiores eventos da publicidade brasileira, criado em 1968. Entre as categorias concorrentes, havia a de "Cigarros e Tabacos", que premiou o comercial de Free, produzido pela Standard, Ogilvy & Mather para a Souza Cruz.

A propaganda e os eventos patrocinados se encarregam de garantir que o cigarro esteja por todos os cantos. Os fumantes também estão. Não há levantamento específico do ano de 1993, mas o de 1989, feito pelo Ministério da Saúde, indica que 34% da população brasileira acima de 18 anos é fumante.

Nessa época, muita gente fuma e pode fumar em tudo quanto é lugar. Há algumas leis restritivas no Brasil, mas ainda existe constrangimento social em proibir o fumante de acender o cigarro ou lhe pedir para apagar. A abordagem certamente tem resposta acompanhada da chuva de reclamações e talvez nem seja efetiva. Nem se pode pensar em ambiente de trabalho livre de cigarro. Também não se proíbe na porta da escola.

O cigarro é aceito socialmente. É permitido fumar nos táxis, em alguns veículos de transporte coletivo e em todos os aviões. "Havia até nos Electras os cinzeirinhos para o passageiro abrir e fumar". O dr. David Uip, diretor do InCor, gesticula com as mãos para explicar o ritual do cigarro dentro do avião. É algo revestido de aura de *glamour* em 1993, alguns anos antes de mandarem todos os fumantes para a cabininha na parte do fundo, restrita a poucos por vez.

Até os médicos são fumantes na época. Em 1992, foi publicado no *Jornal de Pneumologia* o estudo de Hisbello Campos da Silva. O levantamento, feito com 5.158 médicos em 23 estados brasileiros, mostra que 24,9% deles são fumantes, a maioria homens. Eles começam a fumar mais cedo e largam mais tarde que as médicas. Todos os fumantes declaram consumir a média diária de 16 cigarros e isso aumenta com a idade. Talvez o dado mais importante da pesquisa seja a comprovação de que o fato de fumar ou não interfere de maneira significativa na atitude do médico em relação à freqüência com que aconselha os pacientes a parar de fumar.

"A dificuldade de falar de tabagismo era imensa", lembra o médico Marcos Moraes. "Muitos profissionais e gestores eram fumantes e entendiam as propostas de controle de tabagismo como invasão de privacidade e ameaça à livre escolha. Havia muito conhecimento disponível sobre a dependência de nicotina, mas era parte da cultura da época achar que fumar era escolha e quem queria podia largar o cigarro."

São dois lados da competição desigual. Os médicos têm muita informação, mas não conseguem divulgar. As fabricantes de cigarro têm muita divulgação, mas não conseguem rebater as afirmações dos médicos. Além da pressão econômica que podiam exercer sobre os meios de comunicação, as empresas têm outra arma – sabem seduzir.

De um lado, estão os médicos com respaldo da OMS para dizer que o simples ato de fumar é doença e pode desencadear inúmeras outras doenças. Quando conseguem algum espacinho na mídia, falam sério, usam estatísticas, palavras difíceis, gráficos, previsões negativas.

Do outro lado está "Hollywood, o sucesso", apresentando os maiores ídolos internacionais do momento. O Hollywood Rock 93 teve Nirvana, Alice in Chains, L7, Red Hot Chili Peppers, Simply Red, Engenheiros do Hawaii, Biquini Cavadão, De Falla, Dr. Sin e Midnight Blues Band. Existe até o vídeo, depois comercializado, intitulado Nirvana's live! Tonight! Sold out!! ("Nirvana ao vivo! Hoje à noite! Ingressos esgotados!"). A demanda é tanta que o local do *show* em São Paulo precisa ser mudado para comportar mais gente.

Desnecessário dizer quem exerce maior influência sobre os jovens brasileiros. Ninguém quer ouvir os médicos. Não há interesse nem entre os profissionais da medicina. "Cansei de dar aula para cinco, seis pessoas", desabafa a médica Jaqueline Scholz Issa. "Nós fizemos nosso evento bem ali", conta, apontando o Centro de Convenções Rebouças, que pode ser visto da janela do InCor. "Trouxemos do Rio de Janeiro a maior especialista em tabagismo do país. No final, só a gente e uns gatos pingados."

Pode ser clichê, mas, talvez, no caso do cigarro seja mais verdadeiro que em outros: a propaganda é a alma do negócio. Em 1992, o Departamento de Saúde da Inglaterra publica o estudo "Efeito da propaganda de cigarro no consumo de cigarro". Naquela época, o Brasil ainda é o paraíso da publicidade de tabaco, que já é proibida em vários países. Para o estudo, são escolhidos Noruega, Finlândia, Canadá e Nova Zelândia. Os cientistas consideram estes os que implementaram de forma adequada as leis sobre o assunto.

Naquele tempo, as pressões são mais fortes e mais efetivas que hoje. As leis podem mudar ao sabor do vento provocado por grandes multinacionais. Alguns anos depois, o Canadá faz mudanças legislativas que comprometeriam a avaliação e é substituído no estudo pela França, que proibiu a propaganda de cigarros a partir de 1º de janeiro de 1993.

São cinco anos de pesquisas científicas que apontam não haver nenhum outro fenômeno que pudesse explicar a queda no consumo senão a proibição da propaganda. Os dados são mais significativos na década de 1990, mas os países pioneiros conseguem reduzir o número de fumantes bem na época em que a indústria do cigarro registra seu maior crescimento nos lugares bombardeados por anúncios.

A Noruega proibiu a propaganda de cigarro em 1º de julho de 1975. Até 1996, consegue reduzir em 26% o consumo de cigarros. Na Finlândia, a queda é de 37% até o mesmo ano e a proibição entrou em vigor depois, 1º de março de 1978. França e Nova

Zelândia fizeram as leis restritivas quando existia alguma conscientização sobre os males do cigarro, na década de 1990, e obtiveram resultados mais expressivos. A queda no consumo entre os neozelandeses é de 21% em menos de seis anos. O final da avaliação é 1996 e a proibição data de 17 de dezembro de 1990. A França reduz 14% do consumo em três anos.

Em 1993, a luta contra o tabagismo tem dois grandes desafios. Precisa dar jeito de acabar com o massacre da propaganda de cigarros. Mas também precisa aprender a fazer propaganda de si mesma. É esse o contexto em que se realiza a primeira comemoração do Dia Mundial sem Tabaco no InCor.

5
ESSA HISTÓRIA DE TABAGISMO

NO INÍCIO DA DÉCADA de 1990, o termo "tabagismo" era ilustre desprezado pelos cardiologistas do Instituto do Coração de São Paulo, o InCor. Não era moda, não dava mídia, não se discutia nas rodas dos grandes especialistas. O assunto do momento era o que os médicos costumavam chamar de "gorduras".

Talvez fosse reflexo do Prêmio Nobel de Medicina, dividido entre Michael S. Brown e Joseph L. Goldstein, por sua pesquisa sobre HDL e LDL – siglas que hoje todo leigo conhece como "colesterol bom" e "colesterol ruim". Isso só acontece porque a informação foi exaustivamente divulgada pelos profissionais de saúde, em processo que teve seu auge nos anos 1990.

Algo não mudou nesse tempo todo. Trabalhar no InCor é o sonho de praticamente todos os jovens cardiologistas e dos mais experientes também. O hospital tem prestígio internacional, é o maior da América Latina na especialidade e é vinculado à Faculdade de Medicina da Universidade de São Paulo, a mais concorrida do país. Não há dúvida de que abre portas profissionais valiosas.

A concorrência é grande e qualificada. A seleção é dura, conquistar a vaga é só o começo. Depois, é necessário encontrar a maneira de sobressair entre tantos médicos que passaram na mesma seleção. Melhor ainda se for na linha de pesquisa da moda, preferência entre as grandes estrelas do hospital e queridinha da mídia. Tudo fica mais fácil.

Em 1993, todos queriam se destacar na tal área das gorduras. Os sonhos dos jovens talvez sigam até hoje pela mesma trilha: conseguir, sem nenhuma experiência, destaque no campo mais badalado da profissão. Pouquíssimos realizam e talvez nem seja boa estratégia de sucesso. Alguns defendem que o melhor é conseguir prever o que vai ser a moda profissional na próxima década e investir esforços para se tornar o grande especialista desse campo ainda desconhecido quando ele vier a ficar famoso. Pode depender de sorte, mas não é impossível.

Nesse ano, um cardiologista que seguiu essa trilha ocupava posto de chefia no InCor. Maurício Wajngarten começou a carreira brigando por espaço e por algum tipo de atenção, mas não conseguia se destacar no meio de tantas estrelas abrigadas pelo hospital. O chefe de Wajngarten pretendia apostar em algo para o futuro – o dr. Luís Gastão Costa Carvalho de Serro-Azul tem hoje o crédito pela iniciativa de criar a Unidade de Geriatria do InCor, departamento importantíssimo.

"Ele me falou para investir em geriatria", conta Wajngarten, "só que ninguém dava atenção para isso. Paciente idoso era problema, todo mundo queria distância. Mas comecei a investir nessa área e se resolveu montar o Ambulatório de Geriatria. Era praticamente clandestino Ninguém queria muito saber daquilo na época."

Ele permaneceu firme. "A diretoria do InCor investia no futuro, imaginava que aquilo seria importante em algum momento, porque já havia evidências em pesquisas internacionais, mas era impossível saber quando o Brasil e o hospital iriam realmente precisar do ambulatório. A expectativa de vida da população brasileira começou a aumentar e os pacientes geriátricos na cardiologia eram cada vez mais numerosos. O ambulatório ainda estava em segundo plano, mas passava a ser cada vez mais percebido."

Se as estrelas da cardiologia na época não haviam dado muita atenção ao ambulatório de Maurício Wajngarten, começam a perceber as filas pelos corredores do InCor. Houve o primeiro aumento de capacidade devido à necessidade do momento. Depois, foram várias as amplicações. Hoje, Cardiologia Geriátrica tem código, MCP-5737, é disciplina do curso de Pós-Graduação em Cardiologia da Faculdade de Medicina da USP. O titular da cadeira é Maurício Wajngarten. Também há o curso de dois anos, de Complementação Especializada em Cardiogeriatria, disputado pelos médicos recém-formados. A unidade tem ainda residentes, convênios com entidades fora da USP e promove palestras para a comunidade. O chefe do departamento sempre tem espaço na mídia.

Exatamente porque a expectativa de vida aumenta, a prevenção de doenças começa a ser tão importante. Depois de três anos de residência médica, Jaqueline Scholz consegue o cargo de médica assistente da equipe do InCor. Entra na histórica briga dos mais novos por espaço com a especialização em controle de níveis de colesterol.

Ela se lembra especificamente da reunião para formar o grupo de cardiologistas dedicados a cuidar do tema Qualidade de Vida. "Era reunião de trabalho normal. Maurício foi distribuindo as funções para cada participante. Virou-se para mim, apontou o dedo e disse: 'Você fica com tabagismo'. Eu nem sabia direito o que era para fazer, mas eu falei que tudo bem."

Ele, por seu lado, não se recorda da reunião. Só sabe que tinha tudo mais ou menos planejado. Tem muito presente essa história de ter assumido meio-contrariado a tarefa que seria decisiva para sua vida profissional e recorda bem a vontade de encontrar alguém para fazer apostas, exatamente como haviam feito com ele no passado. Já havia reparado no trabalho da jovem médica da equipe, avaliava que poderia ser a profissional em que ele, agora chefe, apostaria suas fichas.

Talvez Wajngarten quisesse repetir o sucesso do chefe que teve no início de carreira – conseguir encontrar a tal área que seria destaque na década seguinte e que ainda não fosse objeto de atenção da imensa maioria dos médicos. Sabia poder contar com Jaqueline Scholz, profissional talentosa, para levar esse tipo de projeto adiante. Se ela aceitasse investir em algo ainda desconhecido, tinha potencial para se tornar uma das maiores especialistas no assunto quando ele se tornasse o campo mais badalado da cardiologia.

"Naquela época, já havia muito trabalho científico sobre cigarro, mas eram quase todos de pneumologia e oncologia. Estavam começando a surgir os primeiros estudos que mostravam existir mesmo relação estreita entre fumo e doenças coronárias. Na verdade, falava-se do assunto havia pelo menos 40 anos, mas não existia informação científica tão detalhada quanto a das pesquisas que começaram a surgir no final dos anos 1980 e início dos anos 1990", ele pondera.

Tabagismo. Na cabeça do cardiologista Maurício Wajngarten, essa seria a palavra de ordem da cardiologia do século XXI. Ainda desprezada pela fina flor da medicina brasileira, tornar-se-ia um dos assuntos da moda dali a dez anos. Como chefe, delega à cardiologista Jaqueline Scholz a tarefa de engajar o InCor em todo e qualquer tipo de atividade ligada ao controle do tabagismo. Houve resistência.

Ela queria mesmo era se especializar na área de gorduras, moda na época. "Só que ela reclamava para mim que ninguém dava espaço, fazia estudos sobre controle de colesterol, descobria coisas novas, mas ninguém queria ouvir. Eu passei o tema do tabagismo e ela insistia, insistia. Tinha feito especialização, fazia pesquisas. Na verdade, a Jaqueline era boa nisso. Ela é muito competente, ia se dar bem de qualquer jeito, ia muito bem nos estudos, tinha persistência invejável e ainda esse sorrisão dela, que nunca sai do rosto. Mas tudo quanto é médico queria falar de gordura. Em tabagismo, Jaqueline ia ser a única... Eu não entendia..."

Ao lembrar, ele cai na risada. "É, ele está certo, eu não gostei muito dessa história", comenta Jaqueline. "Reclamei de montão com Maurício. Eu sabia tudo de gorduras, estudava, ia bem, fazia pesquisa, era boa nisso. Aí, eu não conseguia entrar na área. Tinha que me dar área tão obscura, que ninguém queria? Por que eu? Mas, no final, ia fazer o quê? Era meu chefe..."

A cardiologista é persistente. Mesmo. Ganha até apelidos que significam persistência. Mas não desistiu fácil das gorduras. Maurício Wajngarten lembra que ela levava adiante as tarefas sobre tabagismo, mas não aceitava bem a mudança de área. "Sempre vinha dizer que tinha feito coisa nova, pesquisas, que estava nos estudos do controle de colesterol, essas coisas. Eu respondia: 'Jaqueline, todo mundo quer fazer isso de gordura. Agarre essa história de tabagismo e vá em frente'."

Depois de 15 anos, Maurício Wajngarten comemora orgulhoso a aposta certa, assim como Jaqueline Scholz Issa festeja o fato de ter aceitado o conselho do chefe, decisivo para sua carreira profissional.

Em 1993, o InCor era o próprio fumódromo, como parte da cultura que permitia cigarro em todo e qualquer lugar, quarto de doente incluído. Os pacientes fumavam, os acompanhantes fumavam, os profissionais de saúde fumavam, os médicos passavam visita fumando. Hoje, parece ficção. Há 15 anos, inventar de fazer hospital livre de tabaco significava ser a chata do hospital.

6
NÃO CUSTA NADA TENTAR

O PRIMEIRO ANDAR do prédio do InCor é tomado diariamente pelo corre-corre de fumantes, ex-fumantes, médicos e profissionais de saúde que vivem em torno do cigarro. Em 1993, ninguém pensava em montar ambulatório só para atender tabagistas no maior hospital cardiológico da América Latina. O fato de fumar ainda não era considerado doença entre os médicos.

Vera Luiza da Costa e Silva é a primeira brasileira a coordenar o programa antitabaco da Organização Mundial de Saúde e não esqueceu esse período. "Eu me lembro da Jaqueline Issa começando o trabalhinho dela. Trabalhinho porque, no começo, era coisa pequenininha. Só depois foi crescendo."

O começo, na realidade, não passa de ousadia. Depois de ler na biblioteca a publicação sobre o Dia Mundial sem Tabaco, a cardiologista recém-formada resolve escrever para a chefe e criadora do programa na OMS, Claire Chollat-Traquet e confessa: "Eu não achava que não receberia resposta. Imagina a chefona da OMS respondendo para mim. Mas o nome do InCor é muito forte. Resolvi tentar".

Na época, esse tipo de tentativa era infinitamente mais demorada do que e-mail de hoje. Envolvia máquina de escrever, correio e caixa postal. Começa com a apresentação:

"My name is Jaqueline R. Scholz, I'm a cardiologist at the Heart Institute (InCor), UNIVERSITY OF SÃO PAULO, BRAZIL."

Assim mesmo, em letras maiúsculas, para chamar a atenção. Na carta, a cardiologista explica que trabalha com controle de níveis de colesterol. Ainda estava ligada à história das gorduras.

Conta também que o Instituto tem muita tradição em tratamento de doenças do coração, mas nenhuma tradição em combate ao tabagismo. O pedido é simples e doce: ajuda para organizar o Dia Mundial sem Tabaco no InCor.

Seria impossível para a médica Claire Chollat-Traquet enumerar quantas correspondências semelhantes recebeu ao longo de décadas de carreira bem-sucedida voltada para o controle do tabagismo. Mas, desse primeiro contato, não precisa nem de ajuda para saber de qual carta se trata. "Sim, sim, eu me lembro. Lembro mesmo. Me lembro de várias coisas que aconteceram no Brasil. Fiquei muito interessada pelo pedido, porque o Brasil estava entre os primeiros países onde havia pelo menos uma cardiologista interessada em controle de tabaco."

Pneumologistas e oncologistas recebiam bem a idéia de controlar o tabaco. Cardiologistas, não. "É curioso que a Tobacco Free Initiative da OMS tenha surgido exatamente no departamento de cardiologia", detalha a Dra.Claire. "Nós tínhamos atividades, mas não tínhamos programa. E havia o novo diretor-geral: 'Claire, está aí esse desafio para você. Você acha que pode criar nosso programa contra o tabaco que seja verdadeiramente dentro dos parâmetros da OMS? Porque, você sabe, eu não posso fazer nada na OMS...'. Nós temos a Assembléia, nós temos a Constituição. Nós precisamos estar certos de que temos um novo papel a desenvolver, um papel original no controle do tabaco."

O programa criado ainda continua vivo, totalmente de acordo com a Constituição da OMS e aprovado pela Assembléia, que só delibera por unanimidade. Nem assim os cardiologistas se comoviam. Claire Chollat-Traquet compara a receptividade deles na época às pressões feitas pela indústria do tabaco. Pesquisadores e professores da área costumavam negar a relação direta entre fumo e doenças.

"Certa vez, eu estava dando conferência em um país europeu. Não vou dizer qual e você vai entender por quê", relata Claire. "Estava explicando o que nós da OMS estávamos tentando fazer e onde conseguir dinheiro para desenvolver o programa, etc. etc. Então, um dos médicos na platéia se levantou dizendo que era professor de cardiologia e nunca vira nenhum paciente morrer em decorrência de fumar cigarros. É óbvio que ele estava mentindo e era pago pela indústria e é óbvio que as pessoas sabiam disso. Em muitas universidades, os fabricantes de cigarro estavam mesmo pagando cientistas para tentar provar que o tabaco não era ruim. Recentemente saiu o livro chamado *Infiltração*. Um dos meus colegas conseguiu provar que determinado professor da Universidade de Genebra era pago pela Philip Morris para dizer que fumo passivo não faz mal para as crianças."

"Isso foi em que ano?"

"Essa história de que ele foi pago, deixa eu ver se me lembro... em 2001".

A resposta para Jaqueline veio rápida, também em carta datilografada. "Delighted" ("Encantada"). A palavra aparece duas vezes na correspondência. Não era protocolar, era genuína. "Ficamos encantados ao saber de seus planos de celebrar o Dia Mundial sem Tabaco de 1993. Eu ficaria encantada de receber suas impressões para nossa avaliação."

Não era só a resposta, vinha junto o *kit* completo para celebrar o Dia Mundial sem Tabaco de 1993 no InCor. "Trabalhadores da Saúde: nossa janela para o mundo livre de tabaco", era esse o tema a ser desenvolvido no hospital, que ainda permitia o fumo dentro de suas dependências.

O RAPTO DOS CINZEIROS

"LEMBRO-ME DISSO. O paciente tinha a gavetinha para botar o cigarro Aquele armarinho que fica ao lado da cama. Eles guardavam cigarro lá. Era normal, quase todo mundo tinha." Jaqueline Scholz Issa lembra também que os colegas mais experientes tinham o costume de fumar dentro do hospital, às vezes dentro dos quartos.

Mas essa história de profissional de saúde trabalhando por um mundo livre de cigarros tinha aliado importante dentro do hospital – o diretor executivo José Manoel de Camargo Teixeira, superintendente do Hospital das Clínicas em 2008. Era sempre dele a penada final, que revoltava os fumantes. As providências de restrição ao fumo, ainda que com a aprovação do conselho do InCor, vinham assinadas por ele.

"No final, o doente ficava lá e pegava o cigarrinho, fumava, fumava o segundo... O médico fumava, o doente fumava, era aquela confusão. Porque o hábito era esse", conta José Manoel. "Progressivamente, então, se começou a padronizar as unidades de atendimento do doente e depois, progressivamente, foi proibido o fumo dentro do hospital."

A palavra "progressivamente" pode significar algo bastante lento, pois mudança de mentalidade, como se sabe, demora décadas. O cardiologista Adib Jatene acompanhou de perto a mudança na relação dos colegas de profissão com o fumo: "Na década de 1950, quando comecei a freqüentar os congressos da especialidade, a grande maioria dos médicos ou boa parte deles fumava durante as sessões. Ambiente muito desconfortável. Hoje, se você for a congressos, principalmente de cardiologia, praticamente ninguém fuma e quem fuma é olhado meio de lado."

"Isso é o processo que vem vindo ao longo do tempo", ele continua. "Levou quase 50 anos. Nos congressos de 1954, 1955, a sala de reunião era a própria fumaceira. O pessoal fumava durante a sessão. Isso foi sendo restringido, é processo. As coisas não acontecem de repente, o que as pessoas precisam entender é que é processo. Tudo acontece com o tempo."

Dentro do InCor, José Manoel de Camargo Teixeira também julgava desenvolver o processo de conscientização que culminaria no fim das tragadas de profissionais de saúde dentro do hospital. O primeiro passo foi uma ampla campanha de esclarecimento para todos os profissionais que trabalhavam no hospital. Aí, começava-se a perceber a dificuldade da tarefa. Convencer alguém de que é necessário parar de fumar é só o primeiro passo. Outra coisa, muito diferente, é a pessoa realmente conseguir largar o cigarro.

Conta o médico que pelo menos a conscientização funcionou. "Muita gente queria parar, mas não conseguia. Na época, já se começava a procurar ajuda médica para parar de fumar. Não era procura total, mas de muita gente, principalmente funcionário... O pessoal já estava conscientizado de que não era bom fumar. O passo seguinte nem foi conseguir que o corpo clínico parasse de fumar, mas conseguir que o corpo clínico parasse de fumar dentro do hospital. Tudo aos poucos, para não causar grandes revoltas."

"Nas atas do Conselho Diretor do InCor há as normas que foram baixadas pela própria direção do hospital", explica. "Foi acontecendo progressivamente: não se pode mais fumar dentro das enfermarias, não se pode mais fumar dentro dos ambulatórios, não se pode mais fumar nessas e nessas dependências, até que, então, não se fuma mais dentro do hospital. Aí foi muito interessante porque a primeira providência foi retirar os cinzeiros. Sobretudo os cinzeiros públicos."

Parece simples, mas o processo gerou grande, interminável polêmica, temperada com respostas mal-educadas, atos impossíveis de classificar como cavalheirescos, narizes tortos entre colegas, conversas atravessadas, muita sujeira e até incêndio. José Manoel de Camargo Teixeira batiza o episódio de "O rapto dos cinzeiros".

Havia cinzeiros em todo lugar. Perto do elevador, nos ambulatórios, sempre havia cinzeiros nos locais com grande concentração de público. Veio a ordem: "Tirar todos os cinzeiros do hospital". O pessoal não sabia direito o que fazer. Como é que faz? Bom, se alguém vai fumar, vai jogar no chão, não tem jeito.

O médico não está só simulando o raciocínio dos colegas fumantes. Eles realmente começaram a jogar cinza e apagar cigarro no chão. "Ficou aquela sujeira, aquela confusão, mas pouco a pouco o pessoal foi vendo que não podia fumar... Não podia fumar dentro da instituição. O processo é muito demorado, com idas e vindas. O pessoal começava a fumar dentro dos banheiros – você entrava no banheiro, aquele cheiro de fumaça. Teve até alguns inícios de incêndio dentro do banheiro, porque jogavam os cigarros dentro do saco com papel."

Se alguns fumavam escondido, na privacidade dos banheiros do hospital, também havia os escandalosos. O medo do ridículo ainda não rondava a cabeça dos médicos fumantes. Hoje é diferente, conta o clínico-geral Alfredo Salim Helito, ex-fumante e membro do corpo clínico do Hospital Sírio Libanês: "Hoje, médico fumante, bem... Tiram sarro dele. É como se ele tivesse alguma coisa, ele é malvisto. Fumante no hospital se esconde para poder fumar. E, se você encontra alguém, um médico fumando, já vai falando 'Você está louco?'. O médico fumante é motivo de chacota".

Ele próprio sabe que não era assim no ambiente hospitalar. Pela mesma misteriosa regra que levava filhos a não fumar na frente dos pais, mesmo que fosse de amplo conhecimento na família a relação com o cigarro, não se fumava na frente do chefe. De resto, tudo era permitido. Tudo mesmo. "Nós passávamos visita no hospital, o nosso chefe com o cigarrão na boca, vendo chapa de pulmão. Aquele cigarrão balançando. Nós, em respeito ao chefe, não fumávamos na frente dele, mas fumávamos quando íamos passar a nossa visita, fazer prescrição. Não pegava mal na época. Mas hoje, se você quiser fumar, nem cinzeiro tem mais."

Criador do Registro do Câncer de São Paulo, o oncologista Antônio Pedro Mirra lembra a dificuldade para convencer os médicos de que era preciso parar de fumar dentro do Hospital do Câncer e durante as reuniões da Associação Médica Brasileira (AMB). Na década de 1950, o médico já achava esquisito o tal pigarro de fumante. Considerava que médico não poderia ter pigarro o tempo todo. Causava algumas implicâncias, mas começou o combate frontal contra as baforadas hospitalares na década de 1970.

"Ninguém falava nada. Mesmo depois que eu fui para o Hospital do Câncer, em 1953. Foi preciso percorrer todo o período de 1953 a 1970, 1975... na verdade, 1979 propriamente dito, para que no Hospital do Câncer se levantasse esse problema. Todo mundo fumava. Tanto que a gente iniciou o programa dentro do Hospital do Câncer em 1978, 1979. Fizemos o levantamento e vimos que 60% dos médicos fumavam. Nas reuniões do Seminário, que era onde se discutiam os casos, se faziam apresentações de trabalho e tal, era como verdadeiro *saloon*, aquela fumaceira... Então, para a gente fazer esse movimento, que foi iniciado nessa época, e para convencer que não se deveria fumar nesses Seminários, o próprio diretor clínico da época hesitou em baixar qualquer medida no sentido de proibir. Então, fizemos o quê? Precisamos fazer abaixo-assinado de todos os médicos para ver quem aprovava ou não. E muitos médicos fumantes aprovavam. Aprovaram, porque aquilo era um verdadeiro absurdo, aquele ambiente poluído."

O tempo passa, mas o impacto continua. O rapto dos cinzeiros no InCor foi traumático. Fumantes podem ser ruidosos e performáticos. O médico José Manoel de Camargo Teixeira ainda parece não acreditar no que viu e ouviu. Anos depois, olha com um quê de raiva e carrega na voz para contar como os colegas reagiam. "Houve pessoas que achavam ruim, que brigavam, que diziam, 'Não, eu não vou fazer nada disso', 'Não, eu fumo onde eu quiser'. Fora os desconfortos, as brigas... Tinha o pessoal que pegava o cigarro, jogava no chão e pisava em cima nos corredores do hospital... Muito desconforto, muito desconforto... No corredor limpo! Era criminoso! Bater o cigarro, a cinza. Não tem cabimento. Eu perguntava: 'Na sua casa você faz isso?' e vinha a resposta: 'Não, na minha casa tem cinzeiro!'.

O último foco da resistência era quase íntimo: o cinzeiro da mesa de trabalho. Onde há cinzeiro está implícito que é permitido fumar, ainda que haja a placa gigantesca de PROIBIDO FUMAR. É assim que reza a lógica do fumante. O diretor executivo do InCor resolveu partir para o ataque. Nas mesas do pessoal, progressivamente não tinha mais cinzeiro. Tirava o cinzeiro da mesa de todo mundo, não deixava ninguém com cinzeiro na mesa.

As leis municipais e federais também ajudaram. Cada nova norma virava outra plaquinha nas paredes do InCor. Passada a fase de ataque frontal contra o cigarro de profissionais de saúde, chegou a hora de falar com os pacientes e as famílias. Pelos relatos, parece ter sido mais fácil ou, pelo menos, não tão traumático. De alguma forma, pacientes e familiares respeitam os médicos como autoridade, respeitam o hospital como instituição e não se sentem em casa. Além disso, a situação é temporária para eles; são alguns dias no hospital, e não a proibição de fumar para sempre no ambiente de trabalho.

Primeiro se explicava para a família os motivos da proibição e as vantagens de aproveitar o período de internação para uma tentativa do paciente de largar o cigarro. O paciente era orientado e freqüentemente o médico percebia como era difícil brigar contra a propaganda maciça. Muitos dos doentes acreditavam piamente que cigarros *light* e cigarros com filtro não faziam mal ou faziam menos mal que os outros. Também havia a "teoria genética". Se alguém mais velho fuma e não ficou doente, isso quer dizer que os mais novos estão imunes a tudo o que o cigarro possa causar. José Manoel de Camargo Teixeira acumula várias dessas histórias.

"O paciente argumentava: 'Meu irmão fuma, meu pai morreu com 90 anos fumando, não vai fazer mal para mim'. 'Rapaz, você é você, teu pai é teu pai'. E surge nessa história o cigarro com filtro. Foi uma forma de dizer: 'Agora é com filtro, está minimizando o problema'. E com filtro a pessoa fumava mais. Mas os pacientes acreditavam que, fumando um cigarro com filtro, o risco era menor. Tinha gente que falava: 'O cigarro tem filtro, doutor...', 'Doutor, mas eu estou fumando com filtro'."

Leis, normas e programas nacionais de conscientização depois, é difícil alguém que se arrisque a acender um cigarro dentro do InCor. Ou de qualquer hospital. Ninguém acende. Fumante não cogita mais essa idéia. Mas, durante alguns anos, havia no InCor a "área informal para fumantes". No andar térreo, ficava o estacionamento e também a lanchonete destinada a médicos e familiares de pacientes na parte de trás do prédio. Ficava em área aberta, mas lá estava a placa com a proibição de fumar. Era difícil conseguir fumar no terraço da frente, onde também é área aberta, mas os seguranças não se rendem a pedidos chorosos dos fumantes de plantão. "Não pode e ponto. Se eu não te tiro daqui, vai me dar problema."

Fumantes, sobretudo jornalistas em intermináveis coberturas sobre a internação de pacientes ilustres, se esgueiravam pela lanchonete da parte de trás, fugindo da visão direta dos seguranças para fumar dentro dos limites do hospital. Hoje, essa área não existe mais, e os seguranças realmente não perdoam. Não se acende cigarro dentro dos limites do InCor. No máximo, fuma-se na calçada. Ainda assim, o segurança orienta com gentileza a fumar mais longe da entrada e saída de pacientes. São poucos os que se revoltam.

"Eu já tive que ficar lá embaixo fumando na chuva. Na chuva. Não tem nem uma coberturinha..." A médica Jaqueline Scholz Issa ouve, tentando ficar séria, olha para o outro lado, mas não agüenta, dá risada. "É, a gente vê mesmo o pessoal na chuva. Sempre tem alguém lá fora, na calçada. Mas não pode deixar fumar aqui dentro. Precisa ser bem longe do hospital, cada vez mais longe", diz. Tão longe que o InCor foi o primeiro hospital a receber do governo do Estado o prêmio de ambiente livre de tabaco na categoria ouro. Instituições respeitadas como o Hospital Universitário (HU) da USP e o HCor, Hospital do Coração, receberam o selo na categoria prata. A adesão ao programa é voluntária, mas obter o certificado depende de rígido processo de aprovação. A Secretaria Estadual da Saúde de São Paulo tem parâmetros bem objetivos.

Será preciso proibir o fumo em todas as dependências do local, sem exceções, com placas informando sobre a medida, retirar todos os cinzeiros e garantir o cumprimento da política pelos clientes e funcionários. O estabelecimento não poderá dispor de fumódromos ou alas separando fumantes e não fumantes. Deverá haver um ou mais responsáveis treinados para verificar se a proibição está sendo cumprida e reportar possíveis violações. O InCor foi o único hospital capaz de cumprir com plenitude todas essas regras.

Consultora da OMS e da Organização Pan-Americana da Saúde (Opas), Vera Luiza da Costa e Silva fica feliz ao saber que não se pode mais fumar dentro do InCor: "Então, pronto, isso aí é o esforço da Jaqueline, é o trabalho dela".

A médica sabe que não e fácil convencer os colegas de que proibir o fumo dentro do ambiente hospitalar ou universitário faz parte de um programa de saúde sério. "Nos próprios órgãos de saúde pública, as pessoas não viam isso como coisa séria. Os sanitaristas todos fumavam. Achavam que proibir o cigarro era coisa de fanático, de exército de Brancaleone, coisa de gente chata, que não tem o que fazer. Tanto que eu precisei fazer doutorado em Saúde Pública para começar a ser ouvida pelos meus parceiros de saúde pública. Até hoje, você pega a Associação Brasileira de Saúde Coletiva, todas as escolas de Saúde Pública, a própria Escola Nacional de Saúde Pública (Ensp), por exemplo... Até hoje se vende cigarro dentro da Ensp."

E ela é dura ao completar seu pensamento: "É trabalho de prevenção, ele fica muito no politicamente correto, mas o politicamente correto tem que ultrapassar o limite dos livros, e/ou da boca das pessoas, da fala fácil das pessoas, tem que se efetivar na prática do dia-a-dia, sabe, as pessoas não fumando, as pessoas ensinando políticas de controle de tabagismo. A gente não tem nenhuma escola de Saúde Pública que faça isso."

"O InCor conseguiu ultrapassar essa barreira. Não há mais discussão sobre fumar ou não dentro do hospital", comemora o ex-diretor José Manoel de Camargo Teixeira. Lá no InCor, nós proibimos fumar realmente. Querem fumar, têm que fumar fora do hospital. E o pessoal fumava na rua. Até hoje fuma na rua, se você for ver."

O diretor executivo do hospital, David Uip, é outro que nem tenta segurar a risada quando ouve que o atual fumódromo – a calçada descoberta – é bem desconfortável em dias de chuva. "É", desata a rir, "é o fumódromo que apaga cigarro." Nem o cargo do médico leva os fumantes a achar graça na piadinha. Mas o desafio de David Uip é outro – impedir que as pessoas fumem usando o avental do InCor. É muito ruim para o hospital que seus funcionários sejam vistos dando baforadas em rua movimentada.

"É, esse é o drama, porque tem local onde as pessoas fumam fora da instituição. Eu tenho dificuldades de entender como é que essas pessoas, que trabalham no hospital de cardiologia e que se preocupam tão intensamente com prevenção, fumam. Aqui dentro, não pode fumar e, se você for lá fora, tem lugar onde as pessoas fumam. Inclusive nós tivemos problemas recentes com as pessoas que saíam com o avental. Então, InCor, Ciência e Humanismo, fumando, é complicado."

O médico gesticula apontando o local do braço onde o avental traz bordado o lema do InCor – avental usado por todos os profissionais que trabalham lá. Ele próprio só usa avental durante procedimentos médicos, pois prefere terno e gravata. "Até acho que não se deve sair do hospital com avental, inclusive por medida de higiene. Tem indivíduo que almoça com avental. Acho que não é apropriado. Quando vai para a rua, tem que ter outra roupa, mais para manter a higiene e posar de boa aparência, o que é necessário na relação do profissional da área de saúde com o paciente."

É óbvio que a boa aparência não inclui cigarro aceso na mão. A médica Jaqueline Scholz Issa diz que é proibido fumar usando avental. "Eu não sei direito como funciona, mas sei que não pode mais, não. Alguns funcionários fumantes deixam o avental dentro do hospital e saem para fumar na rua. Os que têm chefes sempre dispostos a passar sermão pós-cigarro evitam a prática. Levam o avental junto, dobradinho embaixo do braço e vestem novamente quando entram no hospital."

O diretor executivo David Uip chama isso de "desaconselhar formalmente" e explica: "Veja, me incomodam muito atitudes que são radicais. Eu prefiro trabalhar tentando motivar as pessoas a se preservar e preservar as outras. Realmente, a posição da instituição é muito clara, é a posição de 'não ao cigarro'. Nós desaconselhamos formalmente que as pessoas usem o avental enquanto fumam."

"O que quer dizer 'desaconselhar formalmente'?"

"Eu recomendo com muita ênfase que as pessoas não devem..."

"Quanta ênfase?"

"Com ênfase, sim. Eu não posso proibir, mas tento mostrar ao indivíduo que aquilo não tem sentido. Com avental, a pessoa representa a instituição."

Com avental, o funcionário também é subordinado ao diretor executivo do InCor. Na realidade, quem trabalha no hospital evita até mesmo fumar na calçada em frente à entrada. Cada baforada é como conselho para as pessoas que estão passando. Alguns atravessam a rua, vão para a frente do Hospital das Clínicas, onde não são reconhecidos. Ou ficam no canteiro central, sentados nas floreiras, onde os passantes parecem não ter tempo para o tabagismo alheio. O fato é que não se vê a combinação cigarro e InCor perambulando pelos arredores da instituição.

TRÊS LUSTROS

"SE NÃO FOSSE o José Manoel me dar aqueles 30 dólares, não aconteceria nada", comenta Jaqueline Scholz Issa mostrando uma foto no jornal antigo – acha o exemplar em segundos no meio da pilha de papéis. Documentos de cada passo da história que mistura a luta contra o cigarro, o passo a passo dos programas de cessação de fumar e a história pessoal da médica.

EM MAIO, DIA 31, SERÁ O DIA MUNDIAL CONTRA O FUMO.

Essa é manchete no *InCor News* nº 38, do bimestre maio/junho de 1993. O cardiologista Maurício Wajngarten achou boa a idéia de associar o hospital à OMS e a levou ao diretor executivo José Manoel de Camargo Teixeira. Ele lembra do pedido de 30 dólares, mas não recorda mais o motivo. Sabe que liberou, achava importante trazer o peso da Organização Mundial de Saúde para a campanha do hospital.

Os 30 dólares pagaram o *kit* da OMS. Era composto de folhetos explicativos, pôsteres e uma fita de vídeo, que ainda sobrevive, apesar dos três lustros de idade. Tudo perfeito para convencer o profissional de saúde a assumir a linha de frente no combate ao tabagismo. Mas o profissional de saúde precisava ter domínio da língua inglesa. Não havia fitas em português e muito menos verba para fazer tradução ou algo parecido.

A precariedade das estruturas oficiais e a força do protagonismo sempre foram combinadas nas bases da luta contra o tabagismo no Brasil. Anos antes, era a médica Vera Luiza da Costa e Silva quem também sofria com a total falta de estrutura. Descreve o trabalho no Instituto Nacional do Câncer como artesanal: "Eu trabalhava passando o dia inteirinho no hospital, continuando as minhas atividades como clínica e, depois do expediente, trabalhava com essa coisa bem embrionária de prevenção. Nada de mesa, cadeira, lugar para trabalhar no começo. Quando tinha, dividia com outras pessoas, trabalhava fora de expediente e voluntariamente".

A falta de estrutura pode ser poética, mas é muito pouco prática e não ajuda em rigorosamente nada as políticas brasileiras de saúde pública. Em 1985, a médica resolveu reclamar com seu chefe, o diretor da Divisão de Doenças Crônico-Degenerativas do Ministério da Saúde, o cardiologista Geniberto Paiva Campos.

"Doutor Geniberto, acho que não vai dar para continuar trabalhando e fazendo esse programa, porque a gente não tem condições, a gente não tem mesa, a gente não tem... Aí, ele olhou para mim e falou assim: 'Vera Luiza, você quer fazer ou quer ter razão?'. Tomei isso como máxima na minha vida. É fazer, porque se você quer fazer, vai procurar forma de fazer, não fica no convencimento de que você tem razão; é aí que as coisas não acontecem. Quem quer fazer acontece. Essa frase muda a vida. Porque não adianta ter postura negativa e derrotista. Creio que as pessoas, de modo geral, são muito derrotistas, são muito entregues às circunstâncias."

Nos idos de 1993, o InCor oferecia a simpatia de instituição de respeito e a participação de grandes nomes da medicina na campanha interna de combate ao tabagismo. Era inútil tentar ter razão ao explicar que não iria adiantar nada fazer a campanha em inglês. O *kit* já estava comprado e 30 dólares eram o limite.

A foto do jornal interno mostra o cardiologista Adib Jatene no centro da mesa, falando empolgado. Tem à sua direita o diretor executivo do InCor, José Manoel de Camargo Teixeira e o experiente cardiologista Luiz Gastão de Serro Azul, o responsável pelo primeiro empurrão no sucesso da carreira do cardiologista que está na outra extremidade da mesa, Maurício Wajngarten. Só uma mulher na foto, de franja – Jaqueline Scholz, que ainda não era Issa.

Os nomes de peso e a participação da OMS lotaram a platéia. O ponto alto era o vídeo, novidade no Brasil, que ainda não tinha internet para baixar vídeos do mundo inteiro. "Ai, que vergonha", a médica ri e fecha as mãos sobre a boca. "Imagine eu ali, que coisa ridícula, com o microfone na mão, no meio daquela gente toda, traduzindo ao vivo. Fiquei treinando antes para fazer a tradução na hora. Deu o maior frio na barriga... Mas eu fiz."

Não bastava fazer. Contar o que fez e brigar por mais significava, e ainda significa, muitos pontos nessa área. A partir do momento em que teve acesso ao cardiologista Adib Jatene, a médica considerou a porta aberta. "Ah, eu não tinha vergonha, não, ia lá e falava. 'Doutor Adib, a gente já fez isso, precisa fazer aquilo, a OMS disse tal coisa.' Tinha que ir." Ele lembra bem. "A doutora Jaqueline aqui no InCor sempre teve atuação forte em cima disso e, mesmo antes de eu ir para o Ministério, ela me influenciava muito em algumas medidas restritivas que precisavam ser tomadas aqui."

O jornal com a notícia da primeira vez em que o InCor comemorou o Dia Mundial sem Tabaco vai parar nas mãos de Juan Menchaca, que assume a diretoria do Tobacco or Health – o programa criado por Claire Chollat-Traquet na OMS. Ele responde, avisa que a participação do hospital entra na avaliação oficial da Organização.

O médico José Manoel de Camargo Teixeira considera que sua maior vitória à frente da diretoria executiva do InCor foi levar as pessoas a parar de subestimar os riscos envolvidos no ato de fumar, principalmente dentro da instituição. "A minha principal vitória foi trazer primeiro para a instituição a consciência de que existia fator de risco grande e que eles estavam minimizando. Com esse trabalho todo, as pessoas conseguiram entender que precisavam diminuir o risco, reduzindo o uso ou deixando de usar o cigarro."

Sem perceber, a dra. Jaqueline rompe as fronteiras do InCor no Dia Mundial sem Tabaco de 1994. A troca de correspondência com a OMS é a preparação para a segunda vez em que o hospital comemora a data, agora com cobertura maciça da mídia – a grande novidade nessa área. Não imaginava ainda que se tornaria conhecida exatamente por furar o bloqueio na guerra da informação.

7
APRENDENDO A APARECER

GLAMOUR. SOFISTICAÇÃO. Rito de passagem. Símbolo de feminilidade, mas também de virilidade. Para as horas difíceis, para as boas demais e só para passar o tempo quando não há nada de especial... Talvez o cigarro seja o maior fenômeno da publicidade do século XX. Adquiriu inúmeros e espantosos significados que o levaram a estar presente em quase todos os momentos da vida humana, nas mais variadas culturas.

Nas décadas de 1950 e 1960, quando os documentos internos da indústria revelam que havia conhecimento de que o produto causa danos à saúde e vicia, acontece o auge do tabaco na arte dramática. É a inesquecível *Gilda* de Rita Hayworth. É o cigarro que apaga os problemas da *Bonequinha de luxo* e, colocado na piteira absurdamente longa, brinda o leitor com o humor de Audrey Hepburn. É a tragada definitiva de Humphrey Bogart em *Casablanca*. É o olhar misterioso de Marlene Dietrich, ainda mais mágico, em *O anjo azul*, perdido numa nuvem de fumaça.

Clichê, mas absolutamente verdadeiro neste caso: a vida imita a arte. O cigarro é o que o cidadão comum pode transportar da magia do cinema para a vida cotidiana. E isso acontece em todo o mundo. Os personagens fumam se são bons, se são maus, se estão tristes, se estão alegres, se estão em um velório, quando saem da igreja, depois do sexo, depois de comer, durante o café. É tão freqüente que os diretores aprendem a lidar com ele dentro da cena, usam a fumaça para contar a história, o gestual para conduzir os atores.

Nilton Travesso dirigiu o espetáculo de Marlene Dietrich no Brasil, em 1959: "Fiz o *show* da Marlene no Teatro Consolação, que apresentava, naquela época, as grandes temporadas, com Louis Armstrong, Nat King Cole, Charles Aznavour e outros. Fui fazer a Marlene Dietrich. A gente ensaiou das 10 da noite às 6 da manhã, especialmente a cena em que ela usava saia-calça preta e meia-casaca. Quando ela tirava a saia-calça, as pernas ficavam de fora. Sobrava a meia-casaca... e aquelas pernas lindas, longas, brancas. Marlene puxava a cadeira e sentava ao contrário, a cavalo. Puxava o cigarro e dava a tragada *à la* Humphrey Bogart que, pelo amor de Deus, era pura loucura".

Fosse mulher comum, fumando, à mesma distância que separava a atriz da platéia, seria impossível ver a fumaça. Como é impossível ver a fumaça de alguém que está num ponto de ônibus durante o dia. Durante a noite, se vê a fumaça daquelas bem comuns, sem forma, esbranquiçadas. No cinema e no teatro, não. A fumaça dança no ar, forma caracóis, tem um quê de poesia. Nilton Travesso explica que dava o maior trabalho fazer isso.

"Para dar essa tragada e você sentir a força da tragada, isso é feito com luz. Se você não tiver boa contraluz, luz tênue no personagem, contraluz bonita, aquela fumaça quase você não vê. Mas, quando você tem aquela contraluz, você vê a fumaça andar, ela cria desenhos, ela faz desenhos abstratos, ela é quase um Mabe..."

"O auge do cigarro nas telas e no teatro foi nas décadas de 1950 e 1960. Depois", o diretor conta, "surgem outros elementos, outros recursos". Mas o cigarro continua lá. Sempre há usos novos. Ele faz parte do dia-a-dia das pessoas, dificilmente será percebido como algo estranho à cena e a indústria tem a maior boa vontade em promover seus produtos e seus consumidores famosos.

Serviu também de bengala para atores, "porque tem ator que às vezes não sabe onde colocar as mãos e como agir com as mãos", explica Travesso. "É bom ator, mas às vezes a expressão corporal dele tem certa timidez e o cigarro é uma bengala incrível, porque, no diálogo, prestando atenção ao texto ou dando continuidade ao personagem, acendia o cigarro, dava a tragada e continuava o texto. Essa bengala sempre foi muito forte. Depois, houve época em que o cigarro deixou de ser bengala, sendo substituído pelo copo de uísque. Então, todo mundo, clé-clé-clé, uísque, gelo e toca beber uísque". Nilton Travesso explica que algumas vezes a composição do personagem requeria o cigarro, mas o mais freqüente era o próprio ator usar a muleta, algo para ter postura na elaboração do personagem.

"A propaganda paga, principalmente na televisão, e também era muito efetiva", lembra o ex-deputado Elias Murad. "Considero a propaganda, pelo menos a do tabaco que existia na época, a propaganda mais indutora do uso da droga. Os melhores cartazes, as melhores propagandas, as fotos coloridas enormes, os cavalos bravios sendo domados por caubóis potentes – como na propaganda de uma famosa marca de cigarros norte-americanos –, tudo isso induz ao uso, principalmente o adolescente. O adolescente não tem ainda a sua estrutura mental completamente formada, de modo que é muito influenciado por esse tipo de propaganda. Quando alguém começa a fumar na adolescência, provavelmente vai fumar pelo resto da vida."

"Os médicos sempre souberam da influência da propaganda de cigarro e do poder da participação de ídolos da juventude nessas peças publicitárias. Tentavam, desde o início da década de 1980, convencer artistas a evitar o cigarro em cena e as cenas de propaganda de cigarro", conta o oncologista Antônio Pedro Mirra. "Isso influencia muito. Tanto que a gente sempre levantava esses problemas recomendando que, principalmente a turma de artistas de renome, não se apresentasse fumando e nem fizesse propaganda de fumo."

Diz o dr. Mirra: "Roberto Carlos foi dos poucos artistas que se recusavam a fazer programa de cigarro. Mas as próprias televisões obrigavam quase sempre seus artistas. Muitas vezes, nós fazíamos reuniões, e a gente queria sempre trazer um artista, um ator, para que falasse sobre o cigarro nas propagandas. A gente convidava artistas da Globo e eles afirmavam que não podiam vir, porque tinham algum tipo de proibitivo no contrato deles. A Globo tinha numerosos contratos de propaganda de tabaco, era muito. Foi antes da época de ser proibida a propaganda. Os artistas não aceitavam participar das nossas reuniões, porque isso levaria prejuízo para eles, seriam demitidos ou alguma coisa nesse sentido."

Nem os generais da ditadura militar ousavam furar o paredão econômico da indústria do tabaco no Brasil. Foi com muita briga e anos de negociação que médicos de vários cantos do Brasil conseguiram formar dentro do Ministério da Saúde o grupo especializado para tratar do assunto. A instalação oficial ocorreu somente em 1985, a um passo da abertura democrática. O grupo era subordinado ao governo e podia funcionar, "desde que ficasse bem caladinho", lembra o médico.

"Não se podia levantar o problema publicamente sobre tabagismo, porque o governo daquela época e também o Ministério da Fazenda da época não permitiam. Em vista da arrecadação de impostos, qualquer movimento da gente entraria em choque... Era proibido, usavam o termo proibido."

"Proibido?"

"Proibido. Como nós éramos proibidos de falar pela comissão do Ministério, que tinha mais como objetivo avaliar os projetos do Congresso, que os deputados e senadores apresentavam, nós aproveitávamos e discutíamos como movimentar esse problema do tabagismo, como criar medidas para iniciar um trabalho aqui no Brasil. Tudo o que nós decidíamos, falávamos pela AMB. Então, a Associação Médica Brasileira ocupou o espaço deixado pelo governo. E não era só para os médicos, era para a população geral. Nós fizemos muitas coisas dirigidas para a população geral, porque o Ministério não atuava. Apesar de participar das Assembléias Gerais internacionais da Organização Mundial da Saúde em que se comprometia a participar de programas contra o tabagismo, nunca foi tomada nenhuma iniciativa."

BARRADOS NO BAILE

MUITOS FATOS ESQUISITOS aconteciam durante coberturas jornalísticas que abordassem os males do cigarro. Quando era diretor do Instituto Nacional do Câncer, o médico Marcos Moraes passou por situação inusitada.

"Quando resolvemos liderar a organização do primeiro Congresso Brasileiro sobre Tabagismo no Rio de Janeiro, em 1994, buscamos mobilizar a imprensa para dar ampla divulgação. Contratamos assessoria só para esse fim. No entanto, os espaços na mídia não eram fáceis para esse tema, principalmente nos grande meios de comunicação. Com muito esforço, um dos poucos espaços que conseguimos foi uma entrevista em programa da extinta TV Manchete, que, para nossa surpresa, foi suspensa minutos antes de ir ao ar. Posteriormente, ficamos sabendo extra-oficialmente que esse fato resultou da pressão de companhias de fumo sobre a emissora, ameaçando suspender os contratos de propaganda que mantinham com ela."

Esse foi o caso mais emblemático, mas não foi o único, lembra a médica Vera Luiza da Costa e Silva. "Os próprios repórteres lamentavam não poder publicar nada do que tinham produzido", conta. "O Inca fez esse Congresso e a gente recebia informação da imprensa de que eles tinham sido proibidos de comentar, que tinham sido proibidos de divulgar na imprensa televisiva, por conta de pedido da indústria. Então, foi difícil, o começo foi difícil."

O oncologista Antônio Pedro Mirra conta que até saíam algumas reportagens, mas eram pouquíssimas. "Vez ou outra, algum repórter publicava algo discutido em simpósios de médicos, mas a cobertura era bem limitada. A situação era tão complicada que nem pagando era possível veicular informação científica sobre os efeitos do cigarro. O Brasil tem tarimba em ladainhas para justificar qualquer tipo de ação que tire as nuvens do céu dos poderosos."

"O laboratório que ia lançar a gominha – a goma de mascar de nicotina – entrou em contato com a AMB, que dá todo o suporte técnico científico para isso. Nós entramos com o produto, lançamos. Para isso, a empresa contratou cinco programas na TV Globo. Montamos todos os programas, todas as coisas. Lançou-se o primeiro programa na TV Globo. Logo em seguida, o Conar entrou e proibiu. Inclusive a empresa perdeu todos os outros quatro, pagos, tudo sem usar.

"Pago?"

"Pago, sim, era pago. O laboratório comprou, e o Conar proibiu, dizendo que era o problema de ética da propaganda, daí, a TV Globo não podia lançar o negócio. Então, perdeu-se. Era difícil conseguir acesso principalmente na mídia televisionada. No jornal, ainda se conseguia alguma coisa, mas também era limitada e você precisava solicitar muito. Você solicitava a todos os jornais, conseguia um ou dois."

As exceções eram apresentadores de rádio ou de televisão que, na maior parte das vezes, por algum tipo de laço de amizade com os médicos, davam um jeito de falar do assunto. Antônio Pedro Mirra lembra que "não se podia pegar pesado", isto é, falar do assunto com todas as letras e nuances que ele merece.

"A TV Gazeta, durante certo período, tinha Ione [Barros] e Claudete [Troiano]. Elas eram muito amigas da gente. Íamos fazer programas à tarde, mais dirigidos às mulheres. Mas era raro conseguir em outras televisões."

Não foi o acaso, mas também não foi plano detalhado a imprevista conjunção de fatores que levou a médica Jaqueline Scholz Issa, ainda iniciante nessa área, a furar o bloqueio da mídia. A médica Vera Luiza da Costa e Silva acha importante conseguir o máximo de espaço possível. "Eu acho que a Jaqueline também conseguiu boas oportunidades de mídia. Isso é fundamental, porque você vai fortalecendo sua massa crítica."

José Manoel de Camargo Teixeira lembra que nem os medalhões do InCor, que já conheciam os jornalistas e tinham acesso relativamente fácil aos grandes meios de comunicação, conseguiram resultado tão bom. "Foi muito difícil, e o desafio custou a Jaqueline muito trabalho desenvolvendo isso junto à mídia; ela se envolveu, fez trabalho muito grande nesse sentido. A questão da mídia é como a mídia ajuda a influenciar. O grande feito da Jaqueline foi aparecer na mídia de maneira que ninguém conseguia antes, com o nome do InCor e o apoio da direção."

A médica sabe disso. "Muita gente falava disso antes, com muito mais experiência do que eu. O dr. Rosemberg, o dr. Mirra, o grupo do Hospital das Clínicas... Naquela época, quem era eu perto dessa gente? Mas, depois que eu aparecia em tudo quanto era lugar, muita gente veio me procurar, ver se a gente podia fazer alguma coisa junto. Foi muito bom, porque unimos forças, cada vez mais gente chamava mais atenção. Tinha montes de gente nos grupos espalhados, tudo picadinho. De repente, isso começa a virar a maior força."

ILUMINAÇÃO

Os aparelhos de videocassete têm se tornado artigos raros, mais raros ainda os que funcionam e não comem a fita. Mas Jaqueline Scholz Issa insiste. "Você precisa ver esse filme. Eu não via há tantos anos, nem lembrava mais direito. Só agora, vendo de novo, é que percebi. Fiz tudinho o que estava no filme, tudo direitinho, do jeito que eles falaram. Tudo isso que eu fiz de mídia, acho que só fiz por causa do filme, está tudo ali, tudo. Sei lá, acho que abriu a minha cabeça, me iluminou."

Entre os médicos, há poucos que se encaixam na categoria de entrevistados ideais, sobretudo em programas ao vivo. O principal obstáculo para os jornalistas é o idioma. No Brasil, as transmissões são em português, e os médicos costumam falar "mediquês". Na verdade, eles abrem mão de passar a mensagem que poderiam ao público leigo e deixam a tradução nas mãos do jornalista, que não estudou medicina.

Assim, os erros são freqüentes. O Hospital Israelita Albert Einstein chegou até a distribuir entre os jornalistas a publicação em versão de bolso do *Livro Branco*, que é um dicionário mediquês-português. Não há notícia de profissional de imprensa que tenha decorado todas as páginas da publicação e somente alguns poucos dos especializados em saúde carregam o tal livrinho para todos os lados.

Na maioria das vezes, o médico fala em mediquês, o jornalista tenta trocar em miúdos, cansa, finge que entendeu e passa o peixe adiante do jeito que foi comprado.

Na correria das redações, é raro que repórteres não especializados em saúde tenham tempo para dedicar à tradução do médico. Em programas ao vivo, é impossível. Falou, está falado. Se o público não entende, o médico vira ruído, entra ilustração e o tempo da entrevista é reduzido.

Boa parte dos profissionais de saúde simplesmente joga no lixo a oportunidade de comunicação direta com o público leigo. Antes de iniciar a faculdade de medicina, todos são mortais comuns e sabem se comunicar com todos os outros leigos, família e amigos. Supõe-se que, depois da faculdade, a habilidade continue a mesma. Mas não. O mistério talvez seja o motivo que leva médicos a fingir que não dominam mais a linguagem falada pelo cidadão comum.

Jaqueline Scholz Issa deve saber falar mediquês, pois escreve artigos científicos no idioma. Mas jamais foi vista arriscando termo técnico indecifrável para cima de jornalista. Também não é vista em público vestindo aquele tom grave e sombrio de quem se considera acima dos mortais. É pessoa falando. Pessoa que estudou mais que a média, domina completamente o assunto de que fala e domina a arte de explicar a qualquer pessoa coisas com nomes complicadíssimos. Está sempre sorrindo, fala com bom humor, é boa em tiradas e piadas. O público gosta de fazer perguntas e confia nas respostas dela.

Está tudo ali no filme. Dia Mundial sem Tabaco, 1994. "The Media and Tobacco: Getting the Health Message Across" ("A Mídia e o tabaco: Passando adiante a mensagem da saúde"). No vídeo, em menos de 20 minutos, o básico para quem estiver disposto a ouvir. Não basta ter assunto palpitante, é preciso saber como conquistar o interesse das pessoas. A fita ensina como.

A produção é da OMS no Reino Unido e começa com a pergunta feita pela maioria do público leigo: "Por que organizar o Dia Mundial sem Tabaco?". Responde a diretora da Campanha "No-Smoking Day" ("Um dia sem cigarro") promovida pela Autoridade de Educação em Saúde do Reino Unido, Clare Duke: "O principal objetivo do Dia é ajudar os fumantes a parar de fumar. Mas nós também queremos conseguir o máximo possível de publicidade gratuita sobre o tema".

"O Reino Unido tem órgão dedicado exclusivamente à Educação em Saúde e, mesmo assim", diz o narrador da OMS, "publicidade não paga é crucial no país onde o orçamento da promoção de saúde é 1/10 do que as companhias de cigarro gastam para promover seus produtos." Era covardia traduzir o significado da comparação na realidade brasileira da época.

Entra a segunda vinheta na tela: desenvolvendo o tema e materiais de campanha. A seleção do tema e da estratégia publicitária dá o tom de qualquer campanha. O vídeo prossegue com o grupo de designers que desenvolve há alguns anos campanhas contra o cigarro utilizando cartazes de forte impacto visual, mas sem o ranço do choque tétrico ainda muito em voga no Brasil. Segundo a OMS, o conceito do time liderado pela diretora de criação, Anita Brightley, havia se provado o mais popular e o mais eficiente quando pré-testado em grupos de fumantes e trabalhadores de saúde. Ela explica que a mensagem central é dura: fumar causa câncer e ninguém gosta de ser atropelado por essa informação. "O humor é o que fazia as pessoas realmente se interessarem pelo tema; ele possibilita que se toque em assuntos tabus sem afugentar as pessoas."

Clare Duke volta à cena para explicar que a campanha sempre precisa ser muito clara, muito direta, muito simples e falar objetivamente sobre fumar. "As pessoas que estão muito envolvidas numa campanha tendem a achar que tudo está claro, óbvio e é de fácil compreensão. Talvez seja só para quem também está envolvido. A recomendação é testar antes, com público que não lide tão de perto com o assunto."

A vinheta seguinte é a mais interessante: como conseguir a atenção da mídia. Stephen Woodward, diretor da Action on Smoking and Health ("Ação sobre Fumo e Saúde"), é figurinha carimbada da mídia britânica e ensina que profissional de saúde não é pauteiro de órgão de imprensa. Ou seja, não é porque o profissional julga o assunto interessantíssimo que todos os editores do mundo serão obrigados a concordar e fazer matéria sobre o tema. "É essencial para o agente de saúde ter boas relações com a mídia. Isso inclui não ficar bravo se a entrevista concedida não for ao ar ou se a carta para o editor não for publicada. É função deles publicar o que eles acham interessante e é sua função, como agente de saúde, garantir que a informação seja correta, precisa e interessante", orienta Woodward.

A imagem é cortada para as ruas da Eslováquia, recém-saída do regime comunista e inundadas com cartazes nos quais jovens lindos dão tragadas poéticas em clima de romance e aventura. Anna Tvarozkova, diretora do Escritório de Controle do Tabaco da Eslováquia, diz que o problema é gigantesco. O número de fumantes explodiu com o fim do regime comunista, porque os eslovacos começaram a associar cigarro com liberdade.

Só havia a mídia como saída. Os profissionais de saúde organizam séries de atividades e o foco principal é aparecer. A escolha é sempre pelo que tiver melhor relação custo-benefício para atingir grandes públicos. No filme aparecem crianças lindas, loirinhas, sorridentes, orgulhosas dos trabalhos artísticos sobre os males do cigarro. Foram selecionadas dentre muitas e circulam no meio de repórteres, fotógrafos e cinegrafistas de televisão. É pelo trabalho delas que a mensagem contra o cigarro é levada sem custo publicitário a toda a Eslováquia.

Do caso de sucesso, a imagem é cortada para as mãos da jornalista, cheias de papéis sobre rigorosamente o mesmo tema: Dia sem Tabaco. São *press-releases* de todos os tipos sobre eventos dedicados à data – e, de tão diferentes, acabam todos iguais. Apenas um vai ter chance de conseguir bom espaço na mídia, e aí está o grande segredo – o que leva o jornalista a escolher aquela única informação no meio de um bolo de sugestões aparentemente idênticas?

A resposta vem de fonte altamente especializada, Celia Hall, a editora de Medicina do importante jornal britânico *Daily Telegraph*. "De maneira geral, é julgamento de notícias, puro e simples. Ou seja, tem de ser novidade, ir além das fronteiras do que sabemos e do que pensamos que sabemos, tem de ser interessante e tem de ser instigante. Nós não somos serviço social, nem instituição de caridade, somos jornalistas de informação – e esse é sempre o nosso ponto de partida."

Cruel, mas verdadeiro. Ainda que em um meio de comunicação ou outro se consiga publicar alguma coisa devido à proximidade com algum jornalista ou à influência sobre a direção da empresa, isso não garante que o público se interesse pelo tema. O público busca o órgão de imprensa pelo que espera dele e vai se interessar por aquilo que habitualmente teria destaque. O vídeo apresenta exemplos práticos.

Outra vinheta: usando pesquisa para criar reportagem sobre cigarro. Reportagens excitantes podem ser geradas de fontes aparentemente pouco ou nada excitantes. No inverno londrino, algumas adolescentes circulam encapotadas pelas ruas perguntando às pessoas se elas fumam, se já fumaram, por que e quando pararam. Anotam tudo em papéis presos a uma prancheta. O narrador explica. Essa pesquisa informal sobre fumantes foi conduzida por adolescentes como atividade de educação em saúde. Mas os jornalistas podem ficar genuinamente interessados por reportagens baseadas em pesquisas sérias.

Celia Hall concorda: "Se quer o interesse da mídia, você precisa dar informação ao jornalista, e não idéias. Nós precisamos ter em mãos a pesquisa mais recente, que vai ser relevante para a população e sobre a qual vamos escrever".

O vídeo constata que é verdade. Na capa do jornal *The Independent*, está a única reportagem sobre o Dia sem Tabaco, único *press-release* selecionado daquela pilha exibida pela editora. E a reportagem que deu primeira página é baseada em pesquisa. Conduzida pela Autoridade de Educação em Saúde, ela mostrou que o fumo caiu em todas as famílias com boa condição social em todo o país. Mas, na Grã-Bretanha, os pobres fumam tanto quanto 20 anos atrás.

No Brasil, o Instituto Nacional do Câncer usou seu peso para abastecer a imprensa com pesquisas inovadoras na área de tabagismo. Em 1996, a revista *Veja* fez manchete com uma palavra única na capa: CIGARRO, em letras garrafais.

O médico Marcos Moraes conta que se tratava de contra-ofensiva, devida aos bloqueios em série da entrada de informação sobre tabaco na imprensa: "Em 1995, enviamos para o Canadá amostra de 5 marcas de cigarros produzidas e mais vendidas no Brasil, para análise dos teores de substâncias tóxicas. Em 1996, com a ampla divulgação na mídia dos resultados, mostramos que os níveis de várias das substâncias analisadas estavam muito acima dos teores máximos estipulados em outros países, mesmo para os cigarros proclamados como *light* no Brasil. Dessa forma, conseguimos expor publicamente a falta de lealdade das companhias de fumo com seus consumidores e a necessidade de política de regulamentação dos produtos de tabaco quanto a conteúdos, emissões e atividades de promoção e propaganda".

Nessa ocasião, o Inca elaborou documento contendo várias recomendações no sentido de criar mecanismos legislativos que obrigassem os fabricantes ou importadores de cigarros a informar ao Ministério da Saúde sobre os conteúdos dos seus produtos e a divulgar essas informações nas embalagens dos derivados do tabaco. Além disso, sugeria criar mecanismos governamentais para fiscalizar e inspecionar e ainda padronizar as metodologias de análise, entre outras providências. Por exemplo, em 2001, o estabelecimento pela Agência Nacional de Vigilância Sanitária (Anvisa) de limites para teores máximos de alcatrão, nicotina e monóxido de carbono para os cigarros comercializados no Brasil e proibição da utilização de descritores de produtos de tabaco, tais como *"light"*, *"ultralight"*, "suave" ou outros termos que possam induzir o consumidor à falsa idéia de segurança quanto ao consumo dos mesmos.

A médica Vera Luiza da Costa e Silva lembra que o Brasil foi o primeiro país do mundo a acabar com o que é chamado de "indutor de erro". "Fomos o primeiro país a tirar *light, mild*, o que eles chamam de *misleading*, os indutores enganosos do produto. Fomos o primeiro país do mundo a fazer isso quando o Canadá estava sendo acionado pela indústria do tabaco e o Brasil foi vitorioso ao fazer isso", diz.

Ela só lamenta que a indústria até hoje não tenha sido punida porque substitui a inscrição por embalagens com cores diferentes, apelidadas pelos fumantes de *light*. Por exemplo, o Marlboro vermelho é o forte, o dourado é o *light*, e o azul é intermediário. O Lucky Strike de embalagem mais avermelhada é o forte e o que tem nuances prateadas é o *light*. O Free azul e vermelho é o normal, o azul é *light* e o chamado pelo fabricante de One, o cinzinha é *ultrahiperextramaximegalight*. Pode não ser o apelido oficial dado pela indústria a seus produtos, mas é assim que os consumidores se referem aos maços.

Deve parecer absurdo para quem não fuma, mas o fumante quer acreditar em qualquer coisa que o livre dos males associados ao cigarro. José Serra, ex-ministro da Saúde, troca em miúdos. "Dá a impressão de que você está tomando Coca *diet*." Os fumantes se sentem assim. Até hoje, é comum quem fuma o douradinho/prateadinho/*light* condenar os outros, que fumam quebra-peito. Só cigarro que não é *light* ganha esse apelido.

Como essa, várias outras ações efetivas de governo começaram com a pressão da mídia. Os meios de comunicação não só conseguem audiência incrível para propagar informações de saúde como também pressionam os tomadores de decisão. Com o peso da mídia sobre a cabeça, o político fica mais corajoso. Primeiro, porque ele consome notícias, é mais informado sobre o assunto; depois, porque a chamada "vontade política" floresce com muito mais rapidez quando devidamente regada e exposta à luz dos holofotes.

MOÇA FALADA

Jaqueline Scholz Issa consegue, em 1994, dar jeito de não traduzir ao vivo o vídeo mandado pela OMS para o Dia Mundial sem Tabaco no InCor. "Meu tio trabalha em rádio, falei com ele e fui lá. Fiz a tradução e eles montaram com a voz em português em cima da fita."

Para traduzir, a cardiologista precisa rever a fita várias vezes, parar, rebobinar, continuar. De alguma forma, passa a agir como a fita da OMS mandava. "A mídia reage da forma como o vídeo descreve. Eu não fui a primeira pessoa a falar sobre isso nem a primeira pessoa a falar na imprensa sobre isso, mas consegui a cobertura que não existia antes. Eu fazia tudo como eles mandaram, fazia pesquisa aqui no InCor e saía na imprensa."

São centenas de reportagens. Todas começam com alguma novidade, uma pesquisa científica ou um programa de serviço público. Em 1997, a clipagem da Philip Morris traduz para o inglês o golpe final na estratégia que tentava desenvolver no Brasil – a de provar que fumar não fazia tão mal assim para quem já tinha os pulmões poluídos pela cinzenta atmosfera de São Paulo.

Os documentos mostram que a indústria acompanha de perto todos os estudos e medições do médico patologista Paulo Saldiva, pesquisador do laboratório de poluição da USP e do Departamento de Saúde Ambiental da Universidade Harvard (EUA). O patologista não tem nada com cigarro, aliás, é praticamente pessoa livre de poluição, pois não fuma e se desloca de bicicleta. Mas mede com precisão científica a poluição em vários pontos da cidade de São Paulo. Para a indústria, isso poderia significar que um cigarro a mais ou a menos não afeta os pulmões paulistanos.

Parece ser intuitivo. Jaqueline Scholz Issa nem lembra direito de onde surge a idéia. Era pesquisa, mais uma. "Tinha a parte da pesquisa propriamente dita, acadêmica, mas também era coisa interessante, pois as pessoas gostam dessa coisa de medição, de teste", diz ela. "E jornalista adora, principalmente se for algo novo, vindo de instituição pública de respeito, que provoque a população, diga respeito a muita gente e venha devidamente trocado em miúdos". A reportagem traria algo mais – a pancada final em anos de esforços retóricos da indústria do tabaco.

Smokerlyzer. Todo mundo queria fazer teste no negócio com nome tão diferente, nem que fosse só para saber como era. Jornais de todo o estado publicaram que o InCor disponibilizava para o público o teste no Smokerlyzer, que ficava pronto na hora e, se chegasse no número tal e acendesse a luzinha vermelha, queria dizer que o organismo do fumante estava em situação crítica, devido à ingestão excessiva de um gás tóxico. Era parte de uma pesquisa científica que ficou famosa no exterior.

A equipe do InCor utilizou o método científico para medir o nível de monóxido de carbono no organismo dos floristas da avenida Doutor Arnaldo, conhecida via onde ficam a Faculdade de Medicina da USP, a Faculdade de Saúde Pública da USP, o Cemitério do Redemptor – o primeiro protestante de São Paulo – e o Cemitério do Araçá. Coladas ao muro deste último, existem barraquinhas com flores que não mais se destinam apenas aos mortos, mas atendem até à noite as emergências de presentear com produtos de qualidade. É costume na cidade comprar lá.

"Os floristas passam o dia expostos ao vaivém dos carros", conta a dra. Jaqueline. "As barracas são pequeninas, ocupam meia-calçada e são completamente abertas. Com toda a certeza, esses vendedores representam os que têm os pulmões atingidos pela poluição da cidade. Só que, quando a medida é feita de forma científica, fica claro que nada polui mais um pulmão do que o cigarro. Obviamente, os níveis de monóxido de carbono dos floristas eram maiores que os verificados em pessoas que não se expõem diariamente à poluição da mesma maneira. Mas nada se compara ao fumante".

Ela analisa os resultados: "Quem fuma tem, verificado pelo aparelho, muito mais monóxido de carbono (CO) no sangue, ainda que viva em ambiente protegido de poluição atmosférica. Os níveis só são semelhantes aos dos floristas que também fumam. Ou seja, nem todo o esforço paulistano para poluir o ar da cidade inteira faz o mesmo estrago que do maço de cigarro diário".

Os jornalistas adoraram. Na época, era conversa comum de bar e desculpa padrão de fumante dizer que não adiantava parar de fumar em São Paulo, uma cidade tão poluída...

PULMÃO DE FUMANTE É 10 VEZES MAIS POLUÍDO.

FUMAR EQUIVALE A RESPIRAR AR POLUÍDO DE CIDADE EM ALERTA.

CIGARRO VIRA O PRINCIPAL POLUIDOR.

Tudo isso gigante, no topo de páginas dos principais jornais de São Paulo com circulação nacional.

O assunto rende respostas do público para os meios de comunicação e continua como linha de pesquisa científica dentro do InCor. Algumas das reportagens foram traduzidas para o inglês pela Philip Morris e enviadas à sede mundial. O fax circulou por várias das subsidiárias e, por isso, aparece várias vezes na compilação norte-americana de arquivos sobre tabaco.

"De acordo com a dra. Jaqueline, que é cardiologista do InCor, os floristas fumantes na Doutor Arnaldo são os principais responsáveis pelo ar ruim que respiram. Poluição causada pelos carros certamente contribui para a baixa qualidade do ar. Não somen-

te na emissão de CO, mas também de outros poluentes. Só que, no caso dos fumantes, a autopoluição é mais séria que a causada pelos carros.

De acordo com ela, a emissão de CO dos cigarros é pouco significativa em ambientes abertos. Mas, em áreas fechadas, os cigarros são os principais poluidores.

Os resultados da pesquisa apontam que os fumantes exalam 22 partes por milhão (ppm) de CO, enquanto não fumantes exalam 2,9 ppm em São Paulo. "Em Atibaia – cidade que a Unesco classifica como o segundo melhor ar do mundo, atrás apenas de Davos, na Suíça – não fumantes exalam 19 ppm e fumantes exalam 22,5 ppm. O nível aceitável de CO para o organismo humano é de 2 ppm".

Em cidades como São Paulo, é extremamente importante controlar a poluição causada por cigarros. A prova é que não fumantes são forçados a viver com mais CO que o recomendável. Já em Atibaia, a importância de abandonar o cigarro é óbvia, devido ao nível de CO no organismo, próximo ao máximo recomendado.

O CO, monóxido de carbono, é um gás de grande toxicidade. Inalado, ele se combina com a hemoglobina do sangue que, em condições normais, deveria se combinar com oxigênio para levá-lo a todos os tecidos do corpo. Acontece que o monóxido de carbono se une à hemoglobina de maneira até 250 vezes mais fácil que o oxigênio e produz o COHb, carboxihemoglobina, aproximadamente 200 vezes mais difícil de separar que o composto de oxigênio com hemoglobina. O resultado disso é a hipóxia, falta de oxigênio nos tecidos, que tem vários níveis. Nos mais baixos, dá dor de cabeça, náuseas e piora as condições de quem tem problemas coronários. O caso mais grave, quando a concentração COHb vai acima de 60%, tem desfecho trágico, exemplificado na cena tradicional do cinema – a morte na garagem devido à fumaça do escapamento do carro.

Desde 1994, o Ambulatório de Tabagismo do InCor é sempre o escolhido para as reportagens de capa dos principais jornais e revistas sobre o Dia Mundial sem Tabaco. Lá, se faz de tudo. Cada ano é uma nova pesquisa, sempre levada adiante. Os resultados, que chegarão alguns meses depois a congressos médicos internacionais, são distribuídos e explicados para jornalistas brasileiros. A isso se chama "notícia", que atrai gente para o ambulatório de tabagismo do InCor, e é um elemento do calculado método de Jaqueline Scholz Issa em seu processo de trabalho com a mídia.

A campanha de 1994 foi precedida pela grande reportagem publicada no jornal *O Estado de S. Paulo* de 29 de maio. Em letras grandes:

MÉDICOS ACUSAM A PUBLICIDADE DE AUMENTAR O NÚMERO DE FUMANTES.

O auditório do InCor ficou pequeno para o evento, que seria feito no Centro de Convenções Rebouças. A manchete parece ridícula olhada retrospectivamente, porque em pouco tempo a cultura brasileira sobre o fumo passou por transformação gigantesca.

"Precisa aproveitar o máximo, fazer tudo junto", diz a dra. Jaqueline. "É tudo pesquisa séria. Esta aqui, olha, foi apresentada num congresso de cardiologia lá nos Estados Unidos. Aí, tem de achar algum ponto interessante para passar ao jornalista e alguma coisa de que o pessoal goste para fazer o evento aqui. De testes, por exemplo, todo mundo gosta. Todo mundo adora teste, vem até aqui fazer medição disso, daquilo, e acaba se informando. Isso também atrai a mídia."

Muita gente foi naquele 1994 ao evento promovido pelo InCor e não era devido à presença das grandes personalidades, "medalhões" da luta antitabagista, que ainda se chamava "campanha antifumo". A atração era... o computador, na época em que ele ainda tinha a aura de personagem de filme de ficção científica e não fazia parte da realidade das casas brasileiras. O fumante digitava idade, ano em que começou a fumar e quantos cigarros consumia diariamente. Em segundos, ficava pronto um relatório com as doenças que o esperavam no futuro.

No encontro, houve debate com o pneumologista José Rosemberg, o oncologista Antônio Pedro Mirra e o nome famoso pela capacidade de fixar idéias, o publicitário Ênio Mainardi, criador do "Tostines vende mais porque é fresquinho ou é fresquinho porque vende mais?". O pai desse *slogan* ajudou os médicos a levar adiante idéias sobre a ajuda que a mídia podia dar na luta contra o tabagismo. Jaqueline Scholz Issa conta que também aprendeu coisas ali no debate e as levou adiante, como se aquilo fosse um curso.

A mídia até hoje é atraída pela atuação da médica. É muito difícil montar reportagem sobre antitabagismo com alguém que tenha aura negativa, tétrica ou derrotista. Isso não leva o fumante a deixar o cigarro; ele não quer ser uma pessoa igual àquela que viu na televisão, prefere fumar. A dra. Jaqueline fala dos males, mas também mostra que há vida após o cigarro, é bonita, sorri sempre, é divertida nas entrevistas. Um jornalista indica seu nome para o outro, e o resultado final é atingir público cada vez maior e ganhar mais algumas batalhas na guerra.

Ao falar de mídia e cigarro, a cardiologista conseguiu a façanha de pôr seu tema de divulgação, num único dia, em todos os programas jornalísticos da Rede Globo. Não há como avaliar o preço dessa publicidade para a campanha contra o tabagismo. "Eu passei o dia inteirinho lá, desde bem cedinho", ela recorda. "Acho que ainda era madrugada até. Eu entrei no estúdio do *Bom Dia São Paulo* junto com o [José Roberto] Burnier. Depois, fiquei com a equipe o dia inteiro, entrando naquelas chamadas no meio da programação até de noite; entrei também ao vivo no *SP TV*. O retorno disso é coisa incrível."

O programa de cessação de fumar no InCor é pioneiro em vários sentidos, inclusive em cobertura maciça dos meios de comunicação. O então diretor do hospital, José Manoel de Camargo Teixeira, ficou surpreso com os primeiros resultados na época em que as companhias de cigarro estavam entre as principais patrocinadoras da mídia.

"Houve aceitação muito grande dos veículos em relação ao programa em si. Era coisa nova, algo que buscava mudar comportamentos e tinha grande apelo, dada a possibilidade de doenças que o tabagismo determinava. As estatísticas estavam começando a mostrar conseqüências muito sérias, muita doença pulmonar, câncer de pulmão, doenças vasculares. Sempre houve campanha para parar de fumar, mas eram iniciativas pequenas, que pouco apareciam. De repente, virou alvo importante, porque os casos mostravam os danos, que eram graves, e o risco, muito, muito grande. Com o apoio da OMS, com a instituição do Dia Mundial sem Tabaco, com o Ministério da Saúde dando sustentação, foi se formando o cenário que progressivamente passou a despertar o interesse da mídia. Além disso, as próprias publicações científicas começaram a ter apelo", diz o dr. José Manoel.

A médica suíça Claire Chollat-Traquet explica que as conseqüências do tabagismo só têm apelo em alguns países. Felizmente, o Brasil é um deles. "Quando você está num país em que se morre antes dos 45 anos, não há tempo para ver as conseqüências de fumar. Nesses países, não é difícil chegar às pessoas, mas é extremamente difícil convencê-las a arrumar dinheiro para fazer programas antitabagistas nesses países. No Brasil, não. Os médicos vêem os pacientes e, eventualmente, chegam até a dizer à família que estão convencidos de que determinada pessoa morreu porque fumava".

Mas, para ela, o principal poder da mídia é manipular a relação ídolo-fã. "O que foi muito bom para nós foram todas essas pessoas famosas falando contra o tabaco. O ator famoso de cinema que não fuma mais, as pessoas das novelas latino-americanas, todas as pessoas começaram a falar contra o cigarro, e isso faz muito bem, porque atinge de várias maneiras todos os níveis e classes sociais".

VÍCIOS DE FAMOSOS

A RELAÇÃO ENTRE MUNDO artístico e droga é antiquíssima e, atualmente, globalizada. Não há garantia de que a celebridade realmente influencie os fãs e que tipo de fã pode ser influenciado. Mas não há dúvida de que muita gente imita os artistas que admira, se for algo ao alcance de sua rotina no dia-a-dia. Quando começou os programas contra o tabagismo no Ministério da Saúde, José Serra optou pelas campanhas de impacto, grandes tacadas com famosos que pudessem ser interessantes para a imprensa.

"Nós pegamos o irmão do caubói do Marlboro, trouxemos para o Brasil e ele declarou que o irmão tinha morrido de câncer. Ele estava associado à virilidade e à vida saudável, mas o caubói do Marlboro morreu por causa do cigarro. Nós pusemos isso na televisão", declara o político, hoje governador do estado de São Paulo. "Pusemos isso, pusemos grandes personagens da vida artística que morreram em grande medida por causa do cigarro ou porque o cigarro apressou o desaparecimento, como é o caso do Vinicius, do Tom Jobim. Fizemos filmes assim."

Serra detalha: "Quando trouxemos o irmão do caubói, ele foi entrevistado no *Fantástico*, isso valeu mais que qualquer propaganda. O diretor era o Evandro Carlos de Andrade [1932-2001], lembra? Era o diretor de jornalismo. Era antitabagista... Mas não era só a posição do Evandro... se a emissora fosse contra, não teria acontecido. Na verdade, a mídia não ficou contra. A mídia apoiou".

"No final da década de 1990, já estava formada a massa crítica que apoiava várias restrições contra o cigarro e também havia a grande legião de fumantes que gostaria de ficar livre do vício. Fiz pesquisa antes de começar isso tudo. Deu apoio para 80% da população, até mais de 80%, para combater o cigarro, para proibir propaganda, tudo".

"Inclusive entre os fumantes?"

"Público em geral..."

"Aí atingia também fumante..."

"Para fumante é irrelevante."

Parece resposta esquisita, mas a realidade às vezes não é o que se espera dela. A maioria dos fumantes aprova restrições de lugar para fumar, embora saiba que vai sofrer com esse tipo de medida. A questão da propaganda é unânime e era mais forte ainda na década de 1990, quando aquela geração de pessoas começava a fumar depois de ser bombardeada durante a infância inteira com a mensagem de que cigarro é *glamour*, é sucesso, é ousadia e coisa só de gente bonita.

Bonita também era a capa da revista *Época* de 9 de junho de 2003. Helena Ranaldi, atriz global com altíssimo índice de popularidade no momento – era a Malena da novela *Olho no olho* – emprestava sua beleza para dizer a muita de gente que havia largado o cigarro. A *Veja* da mesma semana vinha com a capa *Como desligar o vício*. Frase tão boa que foi título de sem-número de reportagens nos veículos da Editora Abril desde então.

Jaqueline Scholz Issa foi entrevistada pelas duas revistas. Todo o assunto era montado sobre as pesquisas científicas produzidas pela cardiologista, avaliando o resultado no Brasil dos novos tratamentos para parar de fumar. Vários famosos entram no assunto, que repercute até hoje pelo eco infinito da internet e é alimentado pelos *blogs*. Conseguir entrada na mídia hoje não é a mesma gincana que já foi quando os grandes meios de comunicação eram os únicos detentores do poder de informar. Há outras formas de divulgar, mas a chamada "grande imprensa" tem o poder de influenciar todas elas.

Entrar no circuito da divulgação gratuita da mídia foi o objetivo do médico Marcos Moraes à frente do Inca: "Na minha gestão, sempre entendi que comunicação é componente essencial para mudar o imaginário coletivo de que câncer é doença incurável e sinônimo de morte. Nessa perspectiva, na questão da prevenção do câncer por meio do controle do tabagismo, essa estratégia era vital; era preciso mudar a aceitação social do tabagismo e, sobretudo, nos contrapor às poderosíssimas estratégias de marketing da indústria do fumo, que havia construído com sucesso imagens positiva de seus produtos".

Difícil competir com os grandes recursos investidos por essas companhias nas propagandas, sobretudo nas suas investidas para mobilizar formadores de opinião contra as iniciativas voltadas à redução do consumo dos produtos de tabaco. Tática do Instituto Nacional do Câncer: "Nosso objetivo estratégico foi buscar consolidar a imagem de confiabilidade e respeitabilidade do Inca junto a jornalistas e grandes meios de comunicação. Nossa iniciativa – fazer as análises dos cigarros brasileiros e divulgar os resultados, expondo as mentiras e a prática desleal da indústria do tabaco –, contribuiu para fortalecer a imagem da instituição como referência confiável sobre tabagismo para a mídia. Essa iniciativa funcionou como divisor de águas, pois, a partir daí, os espaços dedicados ao tema na mídia ficaram cada vez mais abertos para o Inca".

E o dr. Marcos Moraes completa: "Nessa ocasião, também investimos na estruturação do setor de Comunicação Social e Assessoria de Imprensa, que ajudou a profissionalizar a nossa relação com a imprensa. Hoje, temos na mídia, principalmente nos grandes meios de comunicação, importantes aliados. Isso envolveu longo processo de construção e conquista de confiança".

José Manoel de Camargo Teixeira, superintendente do Hospital das Clínicas, acha que houve o ponto em que a preocupação começou a mudar de foco, sair de "como curar" para "como evitar" as doenças. "A campanha também dá notícia. Campanha aqui, campanha lá, programa aqui, programa lá, começava-se a discutir mais qualidade de vida, preocupação com qualidade de vida *sensu lato*, as causas das doenças, saindo pouco a pouco daquela visão de fator único para cada doença. Passou-se a discutir muito mais os fatores multicausais das doenças, os hábitos envolvendo as doenças. Era momento de mudança, realmente, e o programa de antitabagismo se insere nesse momento."

A mudança não era só na vida dos fumantes. Para o diretor de televisão Nilton Travesso, é marcante o início do que ele chama de "geração do cuidar". "Esse cuidar", exemplifica, "começa a ser importante para as pessoas nas mais diferentes áreas e, de repente, faz parte da rotina. Não vinha à cabeça de ninguém essa preocupação de você ser violentado pela nicotina, pelo cigarro, isso aí tudo era... são coisas que hoje eu lembro... eu jogava tênis na praia, entrava às 9 da manhã, saía às 3 da tarde, mergulhava e voltava a jogar... não tinha protetor solar, não tinha nada. Então, você fica o quê, franzido..."

E chega à comparação: "Não se falava em câncer de pele, não se falava em envelhecimento precoce. As moças misturavam Coca-Cola com óleo Johnson para tomar sol, se encantavam com óleo de urucum e a enorme variedade de receitas caseiras. Tudo se aplicava também às crianças. O máximo da proteção era colocar camiseta em quem estava muito ardido, e ficar com a pele ardida era coisa normal de ir à praia. Rigorosamente o mesmo comportamento que as pessoas tinham com relação ao cigarro".

"Acontece que a propaganda de outros fatores destrutivos não era tão intensa quanto a do cigarro", lembra José Serra. "A indústria do cigarro, a propaganda dela, é essencialmente mentirosa. Você pode dizer que toda propaganda exagera as virtudes do produto que procura vender, mas, no caso do cigarro, a diferença é... quer dizer, a dose faz o veneno. Em geral, o hábito do cigarro é associado a virilidade, a atletismo e à própria saúde, e a indústria investe muito, especialmente na conquista dos jovens. Naquele que está viciado, a propaganda não tem o mesmo efeito porque ele é viciado e pronto. É muito difícil largar o hábito de fumar... É mais difícil largar cigarro do que largar álcool ou cocaína."

Outro grande problema é quando o cigarro consegue ganhar significado social ou no imaginário coletivo – o que em grande medida é derrubado pelas imagens, agora obrigatórias, nos maços brasileiros. Interessante que os fumantes não reclamam tanto das mais tétricas ou mais nojentas, reclamam quando algo quebra o elaborado conceito que a indústria do cigarro levou décadas para sedimentar. Mulheres fumantes são freqüentemente abordadas por homens fumantes, familiares ou amigos, desesperados para trocar o maço por qualquer outro. Impotência é a figura maldita. É comunicação visual ousada e divertida, o cigarro envergado com a inscrição "fumar causa impotência". Não pega bem para os homens.

Júnior é figura conhecida de banca de jornal em ponto nobre de São Paulo: Joaquim Eugênio de Lima, entre alameda Santos e avenida Paulista. É ele quem fornece cigarro para inúmeros freqüentadores dos barzinhos de *happy hour* que se estendem pelo quarteirão. Os bares têm contrato com a Souza Cruz, a maioria não vende Marlboro, os fumantes não querem Camel e vão à banca do Júnior, que funciona 24h por dia. "É, mas eles não gostam do maço da impotência não. Eles sempre pedem para trocar."

Esse assunto é revelador. José Serra é capaz de rir. Mais que rir, gargalhar. Começa naquele tom de sempre. "Qual é, talvez, a principal inquietação comum na vida de todos os adolescentes homens? É não ser impotente, é o medo da impotência. Então, na medida em que você mostra que o cigarro contribui para a impotência, você afasta todo o dito *glamour* da coisa."

O Brasil é o segundo país do mundo a utilizar fotos em maços de cigarro. A primeira advertência foi inserida pelo ministro [Luiz Carlos] Borges da Silveira em 1988. José Serra, que assumiu a pasta dez anos depois, seguiu o modelo canadense de advertências quando o governo do Canadá era bombardeado por processos judiciais da indústria do tabaco. "O problema é que, além de impressionar os fumantes e influenciar possíveis consumidores, imprimir as imagens que o governo quer causa rombo milionário no gasto com embalagens", ele esclarece.

A primeira campanha brasileira era muito diferente da canadense. Lá, eles mostravam *closes* de órgãos destruídos pelo cigarro. Por aqui, eram imagens mais leves, que reproduziam situações cotidianas. Apenas uma é rigorosamente igual à original canadense que passou pelas mãos do então ministro José Serra, a da disfunção erétil.

A ARTE DE CONVENCER O CHEFE

CONVENCER O CHEFE pode ser, na maioria das vezes, muito mais difícil que convencer algum jornalista a dar destaque para determinada reportagem. Conseguir sucesso em ações de combate ao tabagismo ou cessação de fumar, mantendo o tema vivo na mídia, depende sempre de convencer os chefes a tomar providências oficiais.

Expert em persuasão de ministros, a pneumologista Vera Luiza da Costa e Silva acabou desenvolvendo método próprio: "Ter sucesso nas propostas é muito a arte do convencimento e a arte da oportunidade. Eu tive a sorte de ter oportunidades de acesso a dirigentes, a tomadores de decisão, a ministros e procurei aproveitar cada oportunidade. Se eu tinha minutos ao lado do ministro, não usava esse tempo para falar de amenidades. Chegava assim, na lata, e falava: 'Ministro, essa história está acontecendo assim, eu acho que a gente precisa fazer alguma coisa'. Sem preâmbulo... Porque, se você fizer preâmbulo, no minuto seguinte o ministro já não está mais ao seu lado e você perdeu a sua oportunidade. E quem faz as coisas são os ministros".

Parece lógico e parece simples, mas não é. Ministro exala aquela aura de poder. Sem preâmbulo, é difícil dizer até bom-dia. Exemplos disso podem ser retirados da própria imprensa. Jornalistas de meios impressos sempre parecem mais valentes e corajosos nas entrevistas do que jornalistas de meios eletrônicos. Nos do segundo grupo, percebe-se na entonação o medo, a incerteza, a expectativa. Não há como corrigir alguma gaguejada ou uma baixada de olhos, nem respiração ofegante. Os jornalistas de meios impressos corrigem isso e parece que têm maior facilidade de enfrentar ministros. A transcrição pouco lembra o clima da conversa real, que seria passado numa gravação ou filmagem.

Jaqueline Scholz Issa teve de aprender desde cedo a cortar preâmbulos e aproveitar cada segundo de gente sempre cheia do que fazer. No apagar das luzes do governo Itamar Franco, o ministro Henrique Santillo, ortopedista, resolveu baixar portaria com várias restrições contra o cigarro. A cardiologista toma a decisão de informar a Organização Mundial de Saúde (OMS) sobre o assunto e manda a lei em anexo.

Em poucos dias, vem a resposta. O novo chefe do programa antitabaco da OMS, dr. J.R. Menchaca, quer a portaria traduzida para o inglês, está interessado no assunto. E quem passa a tratar do tema é um dos chefes dela, aquele que sempre tinha a cardiologista batendo na sua porta, pedindo para fazer evento aqui, proibir cigarro acolá: Adib Jatene. Nomeado ministro da Saúde, uma das primeiras providências do dr. Jatene na pasta foi constituir um grupo de trabalho para tratar do assunto.

Depois que a OMS manda de volta o comentário sobre a tradução da portaria junto com a cópia do documento aprovado em assembléia por unanimidade, a médica resolve enviar tudo ao novo ministro. "Eu mandava fax. Tudo o que acontecia aqui, mandava na hora para a OMS. O dr. Menchaca, que me ajudou muito, mandava cartas com comentários bem fortes. Eu juntava tudo e mandava para o dr. Adib Jatene, para ele ver que a OMS apoiava. A pressão é muito forte, precisa de muito apoio para fazer alguma coisa."

Embora no início da carreira, a cardiologista consegue acesso direto à cúpula do hospital onde trabalha e é reconhecida e chamada pelo nome pelo ministro da Saúde. Nunca teve nenhuma promoção, aumento ou vantagem em virtude disso. Talvez porque nunca tenha pedido, embora adore pedir coisas – mas é sempre para o ambulatório, os pacientes do SUS, o evento tal, a cobertura que deve ser dada a ele, a proibição aqui, a necessidade de fiscalizar ali.

Vera Luiza da Costa e Silva também se enquadra na mesma categoria. Sua realização profissional é fruto direto de seu esforço pessoal. Para a pneumologista, é esse o único jeito de fazer alguma coisa acontecer – levar projeto adiante, ser ouvida por quem tem o poder nas mãos. "Eu pedia para a causa. Nunca pedi aumento salarial para mim. E nunca tive interesses velados."

Com experiência mundial no assunto, Vera constata que os últimos anos registram mudanças significativas na opinião publicada e também na opinião pública com relação ao cigarro. "Hoje, acho que a imprensa é muito mais receptiva e dá muito mais espaço. Claro que a gente compete com outras novidades por espaço na mídia, mas isso é natural. Acho que existe muito mais espaço hoje do que já existiu. Existe muito menos editoriais negativos – como há. por exemplo, na Europa, em Portugal. Hoje em dia, aqui no Brasil, o editor não tem coragem de botar matéria favorável ao fumar, ao fumante, à indústria. A última matéria que colocaram teve 2 mil cartas ao editor reclamando e, enfim, aí não tem mais jeito."

8
DE OLHOS BEM FECHADOS

AS BARRACAS DE CAMELÔ, em todas as grandes cidades brasileiras, escancaram a principal brecha na política contra o tabagismo. Os pacotes de marcas de cigarro que não são comercializadas oficialmente no país misturam-se com os falsificados de marcas famosas e com outros das marcas oficiais a preços abaixo da tabela. É situação que se constata com facilidade e tem nome: contrabando.

Segundo o Banco Mundial, o mercado ilegal é séria causa de preocupação e pode minar a efetividade das políticas de controle do tabaco. Há crescente e preocupante tendência de alta no consumo ilegal de cigarro nos anos 1990, mas sinais de estabilidade ou até sensível queda foram observados recentemente.

O fenômeno é internacional, mas existem dados curiosos no contrabando à brasileira, na forma altamente seletiva de divulgar a questão. De tempos em tempos, aparecem na imprensa casos de quadrilhas presas, de falsificadores, de esquemas envolvendo o crime organizado. Mas a participação ativa dos grandes fabricantes de cigarro no mercado ilegal brasileiro parece ser a parte mais importante da notícia no exterior.

Estima-se que 1 em cada 3 cigarros fumados no Brasil entrou no país em algum tipo de operação criminosa. É produto de preço acessível que não sofre nenhum tipo de controle ou fiscalização e chega a ser vendido livremente para crianças e adolescentes. Em praticamente todos os lugares que vendem cigarros ilegais é possível comprar o "cigarro picado" – um a um –, modalidade que foi banida do comércio legalizado. Com alguns centavos se compra um cigarro apenas. O mercado ilegal tem o poder de conquistar consumidores fiéis para o mercado formal.

A profissionalização do contrabando na América Latina com a entrada das gigantes internacionais do cigarro nesse mercado foi dissecada há dez anos nos Estados Unidos. Está disponível de forma gratuita na internet até hoje a série de reportagens conduzidas pelo Internacional Consortium for Investigative Journalists (ICIJ), Consórcio Internacional de Jornalistas Investigativos, vinculado ao Centro para a Integridade Pública, sediado em Washington. Trata-se de organização independente fundada por Charles Lewis, jornalista que durante anos foi chefe da produção do *60 Minutes*, o programa de jornalismo investigativo de maior sucesso no mundo.

Ele custa a acreditar que nunca houve estardalhaço e sequer divulgação adequada na imprensa brasileira sobre a comprovação da participação de grandes empresas no mercado ilegal: "Existem dezenas de milhares de registros sobre tabaco, postos à disposição do público por mandado judicial das cortes de Minnesota, nos Estados Unidos, e de Guilford, na Inglaterra".

Ainda que a reportagem tenha sido conduzida há dez anos, Charles Lewis tem na ponta da língua todos os lugares onde é possível conseguir documentos internos da indústria do tabaco que comprovam a participação delas em contrabando. Todos continuam até hoje no mesmo lugar, sem código de acesso, sem nenhum tipo de restrição, completamente abertos, públicos.

O atual governador do Paraná, estado brasileiro grande produtor de tabaco, denunciou em 9 de outubro de 1996 o esquema feito pelas empresas para contrabandear o próprio produto. Então senador, Roberto Requião relata da tribuna do Senado Federal que foi à fronteira com o Paraguai devido às eleições municipais e lá obteve informações extra-oficiais:

"Asseguram-me que a Companhia Souza Cruz está exportando para o Paraguai 150 mil caixas de cigarro por mês. O preço médio da caixa de cigarros é de US$ 200,00, varia entre US$ 150,00 e US$ 300,00, conforme as diferentes marcas comercializadas. O montante dessa exportação chega, então, à soma de US$ 300 milhões ao mês. Esse cigarro, no entanto, entra no Paraguai ou sequer entra. Noventa e cinco por cento desse cigarro volta ao Brasil ou não sai do Brasil, através de manobras com a Receita Federal e a Polícia Federal da fronteira.

O prejuízo fiscal seria, como o ICMS e o IPI somam 74%, de US$ 211 milhões ao mês. Dez meses dessa brincadeira custam ao País mais do que o Sivam [Sistema de Vigilância da Amazônia]. Além disso, certa medida provisória de estímulo às exportações dá, se não me engano, em relação à Cofins, crédito de 5% sobre o valor da exportação. Teríamos, assim, exoneração fiscal, através do descaminho, de cerca de US$ 236 milhões ao mês. Pensei em tomar a iniciativa de legislar no sentido de estabelecer o imposto de exportação, mas não é esse o problema; o problema é todo de fiscalização. Entrei em contato com a Receita Federal em Brasília e descobri que ela exigiu selo especial para todo cigarro que saísse do Brasil por terra; imediatamente, a Souza Cruz passou a exportá-lo para o porto de Assunção. O cigarro é vendido para empresa criada no Paraguai há três anos e dirigida por ex-diretor da Souza Cruz".

São trechos do primeiro da série de discursos de Roberto Requião sobre o mesmo assunto. Falou de novo em 31 de outubro, 11 de novembro e 26 de novembro. Entrou pelo ano de 1997 sem descuidar do tema. Discursa na tribuna pedindo providências à Receita Federal em 27 de janeiro, 1º de abril e 25 de setembro.

Explica que as exportações para o Paraguai jamais poderiam ter como destino o consumo naquele país. Esses cigarros não podem ser fumados pelos paraguaios. Para isso, a população de 4,5 milhões de habitantes deveria fumar, durante 24 horas por dia, 1 cigarro a cada 10 segundos!

Conforme ia à tribuna fazer denúncias, Roberto Requião recebia mais informações sobre o assunto. Fica frustrado com a falta de divulgação do que imaginava ser bombástico.

"Eu esperava, Sr. Presidente, que a nossa imprensa investigativa, com toda a sua capacidade de mobilização, levasse a denúncia a sério e aprofundasse a investigação. Mas vejo apenas o silêncio, algumas pequenas notas em jornais e a movimentação subterrânea dos lobistas, tentando obter mais informações sobre meu pronunciamento."

Nunca a questão foi aprofundada. A denúncia não era novidade para ninguém que estava no plenário. Romeu Tuma, que em alguns anos havia acumulado os cargos de secretário da Receita Federal e da Polícia Federal conhece bem o problema.

"Isso não é coisa nova. Só que, de um ou dois anos a esta data [1997], ele vem se avolumando, inclusive com informações de que fábricas de cigarros nacionais estão sendo montadas no Paraguai para facilitar a velocidade e diminuir o custo operacional. Porque se V. Exª puder ver as embalagens, verificará o contrabando, que é o cigarro fabricado em território nacional, e o cigarro falsificado, que traz conseqüências às vezes mais graves do que o cigarro comum para a saúde."

Quando José Serra assume o Ministério da Saúde, em 1998, encontra vivo o problema do contrabando de cigarros: "O então secretário da Receita Federal, Everardo Maciel, tomou providências para acabar com essa história de simular exportação para não pagar imposto. Adotou medidas que inibiam a exportação e a reimportação dos cigarros. Porque, em tese, mercadoria manufaturada, o imposto que ela paga quando vai para o exterior exportada é zero e daí volta contrabandeada. Exporta para o Paraguai e aí volta. Como era forma de contrabando, o Everardo passou a tributar muito a exportação de cigarros Mas eles começaram a montar fábrica inclusive no Uruguai. Fiz denúncia pública que o Uruguai estava acobertando fábricas na fronteira para contrabandear cigarros para o Brasil."

O personagem em questão é o secretário da Receita Federal do governo Fernando Henrique Cardoso, Everardo Maciel, que permaneceu no cargo de 1994 a 2002.

Nem quando o governo federal entrou na briga houve repercussão bombástica na imprensa. Somente entre pessoas muito ligadas ao tema se encontra alguém que se lembre do assunto. Não foi caso que marcou a população. A divulgação não contribuiu para isso, ao contrário do que aconteceu em outros países, como Estados Unidos e Colômbia.

Se no começo as gigantes do cigarro calavam sobre o tema e, no máximo, apresentavam negativas monossilábicas e veementes como resposta às poucas reportagens, depois resolveram entrar no tema. Hoje, em seus *websites*, disponibilizam seções específicas sobre o tema contrabando. Obviamente, não se incluem entre os contrabandistas.

Somos contra todas as formas de contrabando e estamos lutando contra isso. O contrabando faz com que os comerciantes de tabaco e outros varejistas percam vendas. Faz com que os fabricantes domésticos percam participação de mercado. Provoca desempre-

go, tanto no varejo quanto na fabricação. Faz com que os fabricantes e outros percam seus investimentos em sistemas de distribuição de qualidade. Faz com que os consumidores comprem cigarros falsificados, e que a Philip Morris International e outros percam receita. Atualmente, o contrabando de cigarros é um dos mais importantes desafios enfrentados pela indústria de tabaco.

Estamos determinados a tomar medidas responsáveis para reprimir a comercialização ilegal de cigarros genuínos e falsificados. Mas não podemos fazer isso sozinhos. A aplicação efetiva da lei é essencial para o sucesso de qualquer iniciativa anticontrabando, e continuaremos trabalhando com os governos e outras empresas que compartilham do nosso comprometimento na luta contra o contrabando.

O texto se encontra no endereço www.philipmorrisinternational.com/BR/pages/por_BR/busenv/Contraband.asp, acessado em 9 de maio de 2008. Chega a ser comovente o esforço que a Philip Morris atribui a si própria. Mas a Souza Cruz, que é líder de mercado, também é líder nesse tipo de argumentação. Em 2003, fundou até um instituto para ajudar na luta contra o contrabando, o Instituto Brasileiro de Ética Concorrencial (Etco).

Todas as empresas do grupo BAT têm o compromisso de trabalhar em conjunto com governos e organizações internacionais no combate ao comércio ilegal de cigarros. Em diversos países, o grupo está assinando acordos formais com autoridades aduaneiras para atuar em conjunto e compartilhar informações, apoiando o treinamento de oficiais alfandegários. (...)

O lucro fácil, as dificuldades na fiscalização e, mais recentemente, a proibição da propaganda de cigarros tornaram o mercado ilegal de cigarros uma atividade extremamente rentável no Brasil, onde a alta tributação sobre o produto legal favorece ainda mais a prática clandestina.

O Brasil está entre os países que praticam as maiores cargas tributárias do mundo, o que normalmente funciona como um estímulo à ilegalidade. Conforme apurado no relatório da CPI da Pirataria, da Câmara dos Deputados, no país existem mais de 360 marcas ilegais, incluindo produtos falsificados e, principalmente, contrabandeados de países fronteiriços, como Paraguai e Uruguai.

A fonte desse texto é, por sua vez, www.souzacruz.com.br/oneweb/sites/SOU_5RRP92.nsf/vwPagesWebLive/80256DAD006376DD80256D870066C735?opendocument&DTC=&SID, também acessado em 9 de maio de 2008.

A argumentação é maliciosa. Atribui a culpa do contrabando às ações para controle do tabagismo e se escora em dados obtidos por uma Comissão Parlamentar de Inquérito. É curioso que essa mesma CPI não tenha em nenhum momento acusado empresas de cigarro de comércio ilegal no Brasil. Há dez anos, assim que ficou comprovado o contrabando, o governo colombiano entrou na Justiça contra as fabricantes de cigarro, cobrando os bilhões que elas sonegaram ao introduzir o produto ilegalmente no país.

O Brasil jamais cobrou nada. Os documentos internos das próprias empresas mostram que o mercado ilegal funciona de maneira tão organizada quanto o formal. O controle é total e se sabe até quais são as fatias de mercado de cada multinacional. As estratégias de atuação no contrabando eram montadas de acordo com a política das sedes, e essa informação é tão divulgada fora do país que o Banco Mundial e a Organização Pan-Americana de Saúde têm medições precisas da representatividade do comércio ilegal promovido pelas fabricantes de cigarro em território brasileiro.

São empresas acostumadas a promover o *glamour* em seus produtos. Por isso, os documentos internos não citam em nenhum momento palavras feias como "contrabando" ou *"smuggling"*. São substituídas pela sigla DNP, abreviatura da expressão *Duty Not Paid* ("imposto não pago"). As ações criminosas eram chamadas de "mercado DNP" nos documentos internos das empresas. Neles, se vê outra explicação da mesma Souza Cruz para a existência do contrabando no Brasil.

> *O segmento de DNP é um fato da vida e quase institucionalizado. O segmento não foi em nenhuma época recente restringido de maneira significativa pelas autoridades. O segmento DNP vai existir enquanto as diferenças de preço existirem e enquanto as grandes margens para o comércio estiverem disponíveis. Devido à grande demanda, todas as iniciativas DNP até agora aumentaram volume em vez de dividir o mercado... Uma decisão da BAT de desistir desse segmento pode apenas encorajar a Philip Morris a aumentar seus volumes correntes e em algum ponto dominar o mercado argentino.*
>
> Memorando de Flavio de Andrade,
> CEO da Souza Cruz, 1992

Este memorando e os demais citados neste capítulo fazem parte de publicação da Organização Pan-Americana de Saúde intitulada *Profits over People*, específica sobre América Latina e Caribe, e está disponível no endereço da internet www.paho.org/English/DD/PUB/profits_over_people.pdf.

O pudor de falar em contrabando e até atitudes efetivas, como criar selos de controle, são opostos ao comportamento que fica patente nos documentos que os tribunais dos Estados

Unidos e da Inglaterra obrigaram as empresas a publicar. Neles, o mercado ilegal é tratado com o mesmo profissionalismo do formal e conduzido pelos mesmos executivos.

> (...) a Souza Cruz deve começar 'exportações' da marca pela rota de DNP com o objetivo específico de atacar a posição confortável da Philip Morris como líder nesse segmento crescente de DNP. Como resultado, a Souza Cruz reverteu a tendência e chegou a 71% do share de mercado do segmento baixo de DNP no final de 1991.
>
> Memorando de Flávio de Andrade,
> CEO da Souza Cruz, 1992

Não se trata apenas de participar ativamente do mercado criminoso de contrabando e divulgar que é contra e está do outro lado – a atuação das fabricantes de cigarro é mais complexa. São empresas que movimentam quantidades fantásticas de dinheiro e têm alta capacidade de manipular governos e informações. Além disso, enfrentam certo tipo de concorrência onde o principal inimigo é o principal aliado em lutas comuns, por exemplo, contra os altos impostos ou programas antitabagismo. As estratégias de marketing das empresas produtoras de tabaco são tão sofisticadas e intrincadas quanto o mercado em que elas atuam.

Em vários países se culpa a alta carga tributária pelo preço exagerado dos maços de cigarro, argumento que parece perfeitamente lógico. Mais da metade do que custa o maço de cigarros seria representada por impostos federais, estaduais e municipais. Mas as exorbitantes margens de lucro das próprias empresas nunca são divulgadas nem citadas como componente obrigatório do preço. No Brasil, é comum que a alta dos preços venha meses antes de reajustes de impostos. As empresas ficam com todo o dinheiro, mas justificam como impacto do que deve ser repassado ao governo.

O comportamento é divulgado pela imprensa e percebido por quem não é consumidor de cigarros. Mas o fumante culpa o governo. Conquistar e manter a fidelidade do consumidor desse mercado é tarefa muito diferente do tradicional em outras áreas da economia. A marca preferida é mais do que religião, envolve também dependência física. Se manter esse consumidor é mais fácil, manter esse consumidor feliz depende de estratégias delicadas, que o façam enxergar benefício em algo que ele sabe ser letal e socialmente reprovável.

Toda a atuação da indústria de cigarro depende dessa sintonia fina, inclusive a concorrência entre as empresas. Desde que as leis proibiram a propaganda, toda a comunicação teve de ser repensada. A regra de ouro é jamais promover ataques públicos entre duas concorrentes. As acusações não seriam interpretadas como briga entre concorrentes, mas utilizadas como se a indústria do cigarro apontasse suas próprias mazelas. Isso se encaixaria perfeitamente em toda e qualquer campanha de educação ou conscientização sobre os males do fumo.

Ao mesmo tempo que se preservam, as indústrias estão em permanente competição acirrada e bilionária. Focam o adolescente e, principalmente, as mulheres jovens. Precisam conquistar o consumidor que começa a experimentar o produto. Roubar consumidores da concorrência é praticamente impossível. A guerra de preços também é impedida pelo governo, que tabela o valor dos cigarros de acordo com categorias. Mas a concorrência não é impossível. O mundo não é feito só daquilo que se enquadra nas leis ou parece ético.

A indústria jamais explicaria como consegue nadar no mercado em que é proibido fazer propaganda e proibitivo agir contra o concorrente. Os documentos que foram tornados públicos na Inglaterra revelam exatamente o mecanismo. Não se sabe quem é o autor nem quem seriam os leitores, mas o relatório é intitulado "Learning from Price Wars – The Brazilian Experience" ("Aprendendo com a guerra de preços – A experiência brasileira").

> *A Souza Cruz estava sofrendo diferentes pressões competitivas devido ao crescimento do segmento de DNP, concentrado basicamente em [atividades da Philip Morris e da Sudan, a mais antiga fabricante no mercado brasileiro]... As ações da Souza Cruz para bloquear esses dois competidores consistiu basicamente em uma ação de dois passos:*
>
> > *a primeira ação objetivou a redução do potencial de crescimento do mercado de DNP por meio de uma ação conjunta com o governo, estimulando uma crescente repressão nas fronteiras;*
>
> > *a segunda ação foi focada em bloquear o crescimento da Philip Morris. Para atingir esse objetivo, a Souza Cruz desenvolveu um portfólio DNP composto por parte de seu portfólio doméstico, com uma clara tendência para oferta suave de médio/baixo preço para ganhar espaço em relação às marcas da Philip Morris.*
>
> *Daria a impressão de teoria conspiratória caso não fosse documento interno da própria BAT. A estratégia de ajudar na repressão para saber exatamente como ela acontece e aproveitar as brechas deu tão certo que o cigarro contrabandeado pela subsidiária brasileira começou a afetar os resultados da subsidiária argentina, a Nobleza-Piccardo (N-P). Preocupado com as conseqüências*

da queda no volume de vendas, o presidente da empresa resolveu entrar em contato com o chairman. O documento também veio à luz por decisão judicial.

Esta nota é para pedir que você esclareça a posição da BAT no negócio. Fui informado pela Souza Cruz que o chairman das Indústrias BAT endossou a abordagem de aumentar a participação do Grupo Operacional Brasileiro no mercado argentino via DNP. Como diretor com responsabilidade pelo gerenciamento da Nobleza-Piccardo, preciso informá-lo do provável efeito de volume dessa decisão na N-P e, obviamente, do impacto financeiro... Não foi possível entrar num acordo sobre a estratégia de testar um volume reduzido no fluxo de DNP... Essa nota é para informá-lo do impacto que o aumento do volume de DNP vai ter nos resultados de sua subsidiária argentina.

Memorando de Keith Dunt para o chairman *da BAT, Barry Bramley, 1993*

Os documentos da Philip Morris tornados públicos não falam tão abertamente sobre contrabando. Estranhamente, a participação das gigantes do tabaco em contrabando de seus próprios produtos não vira notícia no Brasil, apesar de todos os documentos a respeito serem públicos, de fácil acesso e de terem sido publicados como notícia em outros países.

Existe tanta fartura de informação sobre esse tipo de atuação que, como dito antes, a Organização Mundial de Saúde, a Organização Pan-Americana de Saúde e o Banco Mundial produziram relatórios com os cálculos do mercado ilegal brasileiro. Multinacionais de auditoria e pesquisa também fazem esse tipo de avaliação. A Nielsen publica dados que coleta da Souza Cruz e da Abifumo. A Receita Federal do Brasil também tem estimativas do mercado ilegal e de quanto é sonegado em impostos.

Nem todo esse mercado é composto por ações ilegais de empresas, porém. Também há quadrilhas internacionais que atuam no ramo e indústrias ilegais de cigarros que fabricam produtos piratas com a aparência do maço produzido pelas grandes empresas. Os falsificadores obviamente são inimigos das grandes empresas e, por algum motivo, viraram alvos preferenciais da imprensa. No entanto, de acordo com a estimativa da Nielsen, apenas 10% do mercado ilegal é composto por falsificações.

Com o empurrãozinho das empresas de cigarro, a imprensa brasileira, no entanto, credita aos piratas o domínio do mercado ilegal no Brasil. Boa parte dos números vem sob a chancela respeitável do Instituto Brasileiro de Ética Concorrencial (Etco), entidade criada pela Souza Cruz, que agregou depois empresas de cigarro, fabricantes de bebida alcoólica, representantes do comércio de combustíveis, laboratórios farmacêuticos etc.

Políticos e personalidade de destaque – André Franco Montoro Filho é o presidente executivo e Marcílio Marques Moreira é presidente do Conselho Consultivo, do qual também fazem parte Everardo Maciel, Eduardo Gianetti da Fonseca e João Roberto Marinho – ocupam a diretoria do instituto e trazem prestígio à iniciativa, que basicamente mostra os efeitos deletérios da pirataria em diversos ramos econômicos, sem explicitar que o mercado pirata é problema muito menor em volume que a evasão fiscal e a participação em contrabando de suas associadas. O fato é que o peso político atraiu empresas de outros setores para essa associação.

O Etco tem como lema "Agora a ilegalidade vai ter que se confrontar com a ética". Informa em seu *website* que as autoridades brasileiras combatem com intensidade o mercado de contrabando e produtos ilegais. Afirma que o contrabando foi reduzido em 9% só no ano de 2006. E que os cigarros piratas destruídos chegaram ao patamar dos 2,2 bilhões no mesmo ano. Já a evasão fiscal teria crescido até representar 53% do mercado ilegal. E completa dizendo que o instituto tem ajudado os governos federal e estaduais na medida do possível, inclusive participando em ações judiciais.

Segundo relatório do Banco Mundial, o mercado ilegal de cigarros no Brasil só atingiu 30% do mercado total porque o país tem fronteiras terrestres muito extensas e é difícil manter fiscalização total e exigir o pagamento de tributos. A segunda razão é que os impostos e custos nos países de fronteira são muito mais baixos. É tentador produzir em qualquer deles e entrar com a carga para ser vendida a preços mais altos no Brasil.

Em 1999, a Receita Federal instituiu novos protocolos a serem seguidos para a venda legalizada de cigarros, como registro especial de produtores, selo de controle, declaração especial, monitoramento à distância e vigilância. Apesar disso, o instituto fundado pelas empresas de cigarro atesta que a evasão fiscal tem crescido. O mercado de contrabando e falsificação não foi atingido por essas medidas e funciona à luz do dia em todas as regiões metropolitanas do país, sem nenhum tipo de repressão.

O cigarro contrabandeado é a forma de conseguir consumidores mais jovens, de operar fora de todos os controles estabelecidos pelo governo e de não pagar impostos, que podem compensar financeiramente o estrago que o produto vai fazer em seus consumidores.

Mesmo com todo o controle, o cigarro legalizado já foi plataforma de teste de substâncias no Brasil, o que primeiro foi negado pela indústria e depois foi comprovado em laboratórios independentes. É impossível saber o que se coloca no cigarro ilegal. Alguns são feitos por falsificadores sem condições mínimas de higiene. Os que são feitos por empresas estabelecidas que operam no mercado ilegal não passam por nenhum tipo de controle.

Nem a parte visível, a embalagem, é digna do mínimo de cuidado. A observação é de José Serra durante campanha para prefeito de São Paulo, em 2004. "Não sei dizer hoje em dia, mas há cerca de dois anos era assim, quando fui fazer campanha para a prefeitura na periferia. Existem banquinhas vendendo cigarro, inclusive com erros de português na capa. São claramente feitos de forma ilegal e contrabandeados e não têm fotos da campanha antitabaco."

Qualquer que seja o tipo de contrabando, ele adiciona o fator "enxugar gelo" às políticas de saúde. O Brasil já é muito bem-sucedido em suas políticas. Por meio de importantes medidas, conseguiu introduzir a aversão ao cigarro na sociedade, que dava ao fumo vários significados nas relações entre as pessoas. Além disso, os números mostram a diminuição no consumo. Mas os organismos internacionais cobram do Brasil a única medida que nunca foi aplicada por aqui – aumento de preços para diminuir o consumo de cigarros.

De volta ao Brasil, a pneumologista Vera Luiza da Costa e Silva não se conforma: "Os preços de cigarros no Brasil são aviltantes. As crianças compram cigarro mais barato do que bala. Você vai ver os preços do McDonald's, do hambúrguer mais barato que tiver lá, o do maço de cigarro. Isso é coisa que a política, o Ministério da Fazenda, não olha, faz vista grossa, e aí acaba sendo submetido a outros lobbies que não o lobby da Saúde Pública. A gente continua com a política de preços pífia, ridícula, que é o que existe aqui no Brasil".

José Serra garante que tentou, quando era Ministro da Saúde, mas encontrou no caminho a barreira chamada "contrabando". Ele explica; "O grande dano é o contrabando, que impede uma efetiva política de preços antitabagista, política antitabagista relacionada com os preços do cigarro. Porque, se tributar mais e mais, você estimula o contrabando. Existe um limite para isso. Porque aumentar preço de cigarro é coisa efetiva e é preciso ter claro que no Brasil não se aumenta mais por causa do contrabando."

Vera Luiza da Costa e Silva discorda frontalmente: "Não é por causa do contrabando. Isso é argumento da indústria o tabaco – que tem persuadido com sucesso os responsáveis pela saúde pública no país. O contrabando está relacionado com índices de corrupção, e não com preços e impostos só. Você tem países, como a Noruega, que têm preços altíssimos e índices de contrabando próximos de zero, porque os índices de corrupção são próximos de zero. E há países, como a África do Sul, que aumentaram impostos e preços, mas o contrabando realmente pouco se alterou. O Brasil tem que bancar esse tipo de coisa. O Brasil entrou com o sistema de rastreamento e monitoramento de contrabando, tornou isso lei efetiva. Toda vez que o Brasil diminui os impostos sobre cigarros, o Brasil ajuda a população brasileira a morrer mais rápido e pior".

Relatório do Banco Mundial sobre o consumo de cigarros no Brasil, divulgado em 2007, calcula que o aumento real de 23% no preço seria suficiente para, sozinho, reduzir o consumo em 11% no longo prazo. Seria empurrão considerável para o país.

O atual ministro da Saúde, José Gomes Temporão, se mostra muito disposto a pôr o dedo na ferida e brigar para subir os preços. É queda de braço antiga, que, por algum motivo, ainda não tem apoio total da imprensa.

Vale lembrar que, no Brasil, anúncios de cigarro são completamente proibidos nos meios de comunicação. Mas, até janeiro de 2008, um dos principais *sites* de jornalistas do país, o www.comunique-se.com.br, era financiado pela Souza Cruz, que exibia sua marca e tinha sala de imprensa por lá. A mesma empresa ainda patrocina anúncios em revistas semanais. Não promove os cigarros, mas faz propaganda institucional, o que também é proibido pela lei brasileira.

9
A PASSOS LENTOS

"NÃO SEI. Sempre se soube que fumar fazia mal. Desde que eu me lembro, pelo menos, sempre se soube. A gente percebia. Não tinha comprovação científica, mas a gente via. Se falava daquela tosse do fumante.. pois como é que tosse que não passa pode ser coisa normal? Era isso. Mas os médicos sabiam. De alguma forma sabiam."

É mais ou menos dessa forma que os médicos formados na década de 1950 explicam como o cigarro era tratado naquela época. Adib Jatene e Antônio Pedro Mirra se formaram em especialidades diferentes – cardiologia e oncologia –, ambas muito ligadas hoje ao consumo de cigarros. Contam que a maioria das pessoas fumava, inclusive os médicos, mas já se sabia que havia algo de errado com esse hábito.

Na verdade, os médicos percebiam que fumar fazia mal à saúde antes mesmo da fundação das gigantes do tabaco. Aqui no Brasil, em 1863, é publicado trabalho sobre o assunto. João Vicente Torres Homem, um dos fundadores da *Gazeta Médica do Rio de Janeiro*, escreve "O abuso do tabaco como causa de angina no peito".

Seis anos depois, em 1869, sai outra pesquisa: "Do uso do tabaco e de sua influência sobre o organismo". Era a tese de doutorado do médico Francisco Furquim Werneck de Almeida, defendida na Faculdade de Medicina do Rio de Janeiro.

Os médicos da época do Segundo Império estudavam os efeitos nocivos do tabaco, ao passo que a população percebia o óbvio – o poder que tem a fumaça de incomodar os outros. A liberalidade com o fumo é fenômeno de meados do século XX, enquanto as leis atuais de restrição resgatam alguma coisa do clima de cem anos antes, quando o cigarro estava bem longe de seu auge, construído à base do *glamour* de Hollywood.

Cinco meses e onze dias depois de proclamar a República, o marechal Deodoro da Fonseca e seu ministro da Marinha, almirante Eduardo Wandenkolk, promulgam a primeira lei brasileira a instituir o ambiente livre de tabaco. Diz ela, *ipsis litteris*:

DECRETO N. 363 - DE 26 DE ABRIL DE 1890
Reune a Bibliotheca da Marinha ao Musêo Naval
e manda executar e respectivo regulamento.

O Marechal Manoel Deodoro da Fonseca, Chefe do Governo Provisorio da Republica dos Estados Unidos do Brazil, constituido pelo Exercito e Armada, em nome da Nação attendendo à conveniencia de melhorar a organização da Bibliotheca da Marinha e do Musêo Naval, resolve que se execute o regulamento que com este baixa assignado pelo Vice-Almirante Eduardo Wandenkolk, Ministro e Secretario de Estado dos Negocios da Marinha, ficando assim revogados os decretos ns. 479 e 4.116, de 17 de outubro de 1846 e 14 de março de 1868.

Sala das sessões do Governo Provisorio,
26 de abril de 1890, 2º da Republica.

MANOEL DEODORO DA FONSECA.
Eduardo Wandenkolk.

Regulamento da Bibliotheca e Musêo de Marinha a que se refere o decreto n. 363 desta data
(...)
CAPITULO VI
DA LEITURA PUBLICA NA BIBLIOTHECA E DAS VISITAS AO MUSÊO NAVAL
(...)
Art. 34. Nas salas de leitura é absolutamente prohibido fumar, conversar, passear ou proceder de forma a perturbar o estudo.

Na execução deste artigo terá o ajudante o maior cuidado, até ao ponto de reclamar a retirada do infractor.

A mesma regra é reiterada, meses depois, quando da instituição da Biblioteca Nacional, em 3 de outubro de 1890. Também é prevista a expulsão de quem perturbe as salas de leitura. Fumar, no final do século XIX, era perturbação.

DECRETO N. 856 - DE 13 DE OUTUBRO DE 1890
Approva o regulamento para a Bibliotheca Nacional.

O chefe do Governo Provisorio da Republica dos Estados Unidos do Brasil constituido pelo Exercito e Armada, em nome da Nação,

> *Considerando que o largo desenvolvimento que tem tido a Bibliotheca Nacional Faz que nem pelo numero nem pela classificação o seu actual pessoal póde bastar ás necessidades do serviço, e que em mais de um ponto o vigente regulamento daquella instituição apresenta lacunas a que convem acudir prompta e efficazmente, o que foi sufficientemente demonstrado na exposição escripta presente ao Governo pelo respectivo director, resolve approvar o regulamento para a dita Bibliotheca, que a este acompanha, assignado pelo General de brigada Benjamin Constant Botelho de Magalhães, Ministro e Secretario de Estado dos Negocios da Instrucção Publica, Correios e Telegraphos, que assim o faça executar.*
>
> *Palacio do Governo Provisorio,*
> *13 de outubro de 1890, 2º da Republica.*
>
> *MANOEL DEODORO DA FONSECA.*
> *Benjamin Constant Botelho de Magalhães.*
>
> **Regulamento da Bibliotheca Nacional**
> *(...)*
> DA LEITURA PUBLICA
> *(...)*
> *Art. 41. Nas salas de leitura é absolutamente prohibido conversar em voz alta, fumar, passear ou proceder de fórma que distraia e perturbe o estudo.*
>
> *Neste particular o official terá o maior cuidado, até ao ponto de reclamar a retirada do infractor.*

Atualmente, as leis e os projetos de lei têm obrigatoriamente a justificativa que acompanha a regra. Ainda não havia essa norma no século XIX. De qualquer forma, parece evidente que a proibição do cigarro existia para que a fumaça não atrapalhasse ou distraísse quem estava estudando.

Sete anos depois, o presidente Prudente de Moraes – o primeiro presidente civil do país – proibiria o fumo também nas casas de espetáculos e teatros da então capital federal, o Rio de Janeiro. A norma parece ser motivada pelo fato de a fumaça atrapalhar a visão do espetáculo.

DECRETO N. 2558 - DE 21 DE JULHO DE 1897

Regula a inspecção dos theatros e outras casas de espectaculos da Capital Federal.

O Presidente da Republica dos Estados Unidos do Brazil, em conformidade com o disposto no art. 2º do decreto n. 2.557, desta data, relativamente aos theatros e outras casas de espectaculos da Capital Federal, resolve approvar as instrucções annexas, assignadas pelo Ministro de Estado da Justiça e Negocios Interiores.

Capital Federal, 21 de julho de 1897, 9º da Republica.

PRUDENTE J. DE MORAES BARROS.
Amaro Cavalcanti.

Instrucções a que se refere o decreto n. 2558 desta data
(...)

CAPITULO III
DOS ESPECTADORES

(...)

Art. 20. Nas casas de espectaculos dramaticos ou lyricos não poderão os espectadores fumar no recinto, mesmo durante os entreactos, nem estar cobertos durante a representação.

Paragrapho unico. Nas platéas, cujo soalho deve ter o conveniente declive, os espectadores esforçar-se-hão por não embaraçar a vista uns dos outros.

O século XX não vem só com o afrouxamento no controle do cigarro, abre também a temporada da institucionalização da bagunça generalizada nas leis. Normas federais, estaduais e municipais passam a se sobrepor em todas as áreas, inclusive no que se refere a restrições ao fumo. Passados 53 anos da primeira restrição ao fumo em casas de espetáculo, o prefeito de São Paulo, Lineu Prestes, proíbe o fumo nas casas de espetáculo da cidade.

Está na folha 37 do Diário Oficial do Município de São Paulo de 9 de setembro de 1950 a Lei nº 3.938, que proíbe fumar dentro de veículos de transporte coletivo, elevadores de passageiros e salas de espetáculo. Essa lei paulistana, que fez a travessia para o século XXI sem jamais ter sido revogada, nunca foi inteiramente respeitada. Parte dela foi promulgada como se fosse novidade, 53 anos depois, em projeto de lei assinado pela prefeita Marta Suplicy e proposto pelo vereador Marcos Zerbini. Em 30 de dezembro de 2003, foi emendada a lei de 1980 e se tornou proibido fumar em casas de música e de espetáculos, bem como em quaisquer salas ou auditórios nos quais se realizem espetáculos de entretenimento.

Era como um reforço, chegado 106 anos depois, à proibição baixada pelo presidente da República ao uso do fumo em casas de espetáculo da capital federal. O efeito das duas leis paulistanas foi rigorosamente o mesmo: ninguém respeitou. Nos teatros e cinemas já não se fumava em 2003. Mas, em casas de *shows* e principalmente nas casas noturnas que promovem espetáculos em dias alternados, ou esporadicamente, o cigarro continua "liberado", ainda que a cidade tenha proibido duplamente esse comportamento.

O município de São Paulo tem profusão de leis proibindo cigarro nos mesmos lugares, assinadas por prefeitos diferentes em datas diferentes. A primeira é de 25 de outubro de 1906, quando o prefeito Antônio Prado promulgou a Lei nº 947, proibindo a abertura das casas de fumo aos domingos e feriados. Vigorou durante 99 anos e durou mais até do que as próprias casas de fumo. Só foi revogada em 12 de dezembro de 2005 com a promulgação da Lei nº 14.106 pelo prefeito José Serra. Nesse documento, foram extintas leis paulistanas dos anos de 1892 a 1947, que, por mais incrível que possa parecer, ainda vigoravam, dando lugar ao surgimento de conflitos surreais.

A cidade de São Paulo, pioneira nesse tipo de legislação, não ficou sem regras sobre cigarro. Sobraram ainda dez leis do período 1950-2003. Em 2007, foi apresentado pelos vereadores paulistanos projeto de lei que consolida todas as normas sobre o assunto em documento único e revoga a legislação antiga. Mas ele é polêmico e não foi aprovado de pronto. Por enquanto, as regras podem até ser chamadas de "bagunça" e são tantas que nem o próprio Poder Público conhece todas elas. Até 28 de agosto de 2007, a própria prefeitura de São Paulo mantinha fumódromos em seus estabelecimentos de saúde. Só foram retirados na comemoração do Dia Nacional sem Tabaco.

A regra mais colada nas paredes é a Lei Municipal nº 9.120, de 8 de outubro de 1980. Muitos fumantes já deram suas baforadas sob placas com trechos dessa lei. Nem por isso é a lei mais conhecida – e está longe de ser a mais respeitada. Quem deu fama ao assunto foi o político Paulo Salim Maluf, em 1995, quando decidiu proibir o fumo em locais fechados na cidade de São Paulo, da qual era prefeito então. Na época, a prefeitura aplicou 84 multas contra infratores. A infração mais notória foi a aplicada contra a própria primeira-dama do município, Sylvia Maluf. O assunto era polêmico. Lourival Baptista, deputado pelo PT de Sergipe, gostou tanto que foi à tribuna da Câmara Federal dar os parabéns à figura política execrada por seu partido.

"Acabei de ler no jornal Folha de S. Paulo *que o prefeito Paulo Maluf assinou uma portaria proibindo fumar em bares e restaurantes, o que achei uma medida acertada. Aliás, quando S. Exa. anunciou que iria assinar, fiz um pronunciamento aqui. Hoje, felicito o prefeito Paulo Maluf por ter assinado essa portaria, pois, com ela, Sua Excelência está defendendo a população".*

O símbolo maior do PT era radicalmente contra. O jornalista Matinas Suzuki faz a provocação a Luiz Inácio Lula da Silva durante o programa *Roda Viva* de 26 de agosto de 1995, levado ao ar pela TV Cultura, de São Paulo.

"Você proibiria o cigarro nos restaurantes?"

Candidato presidencial derrotado pela segunda vez em 1994, Lula respondeu:

"Não. Porque eu acho um autoritarismo sem precedentes. Autoritarismo do prefeito e das pessoas que não fumam."

"Mas os países do Primeiro Mundo estão adotando isso..."

"Veja... Você pode criar, na verdade, local para fumante e para não fumante. As pessoas que vão almoçar e querem fumar têm um local em que elas podem fumar. Por que a gente defende as minorias em tantos lugares e quando chega na hora do fumo você marginaliza o cidadão, que é obrigado a sair para a rua para fumar o seu cigarro? Então... cria, no restaurante, um local especial para ele fumar. É menos vexatório para a pessoa que fuma".

Lula continua a responder no meio de um tumulto. Os jornalistas tentam interromper o entrevistado em vários momentos.

"Eu não proibiria... Eu, sinceramente, não proibiria. Eu acho que tem que ter uma questão de respeito. Se você não fuma e está na mesa comigo, eu não posso ficar tragando e jogando fumaça na tua cara... É uma questão de educação. Mas eu fui agora em vários países da Europa... não tem proibição, não. Eu comi um belo de um chucrutes em Munique e fumei. Fumei a cigarrilha lá e ninguém se incomodou".

Os jornalistas caem na risada.

O mundo mudou e Luiz Inácio Lula da Silva também. Treze anos depois, em 2008, ele é presidente da República no segundo mandato. Não largou a cigarrilha, mas também já não fuma em público. Houve episódios em que ficou bravo porque os fotógrafos fizeram de tudo para flagrá-lo em alguma baforada. Não acha bom exemplo.

O governo Lula acaba de abrir a discussão de duas propostas polêmicas. Quer aumentar o preço do cigarro para diminuir o consumo e acabar com os fumódromos no país. Tudo indica que a onda de proibições na Europa e em países da América Latina deve ajudar o governo a ter sucesso nas discussões.

A medida é importantíssima, porque as leis que realmente funcionam nessa área são as federais. As leis estaduais e municipais têm seu valor, principalmente na formação de massa crítica, na abertura de discussão e como plataforma de testes. A aplicação em determinados locais evidencia acertos e erros – processo importante para a implementação de políticas nacionais. Mas vale ressaltar que nada disso é planejado.

São Paulo é vanguardista no lançamento dessas leis. Algumas são exemplos para políticas nacionais, mas a maioria cai no esquecimento e serve principalmente para fomentar a discussão. A última emenda é recente, de 12 de fevereiro de 2008. A lei nº 14.695 emenda a lei nº 10.862, outra do rol que ninguém conhece e jamais foi respeitada em sua totalidade. Os alvos são charutos, cigarrilhas e cachimbos. Agora, só podem ser fumados em locais especialmente reservados, dotados de dispositivo de contenção tabagística ambiental. O prefeito Gilberto Kassab deu prosseguimento ao que já havia sido aprovado pela Câmara Municipal.

A maior inovação dessa lei não é a restrição, mas a nova forma de fiscalização. Geralmente, as leis são solenemente ignoradas, porque não se prevê nenhuma forma de punição para o descumprimento. Os charutos ilegais devem sair caro, R$ 800,00 cada. Quem paga a multa é o estabelecimento comercial, ou seja, o comerciante tem todo interesse em ajudar a prefeitura na fiscalização.

O governador José Serra pretende tomar alguma medida em âmbito estadual, mas encontra no caminho o nó da fiscalização. Por enquanto, fez o que podia controlar – proibiu o cigarro dentro do Palácio dos Bandeirantes, sede do governo, em 18 de setembro de 2007. "Eu estou, nós estamos estudando todas as possibilidades de fazer a proibição de maneira eficaz pela legislação estadual".

"O senhor quer fazer aqui em São Paulo?"

"Os juristas estão estudando isso aqui no governo. Veja bem, se você proibir em restaurantes, você não vai proibir apenas no Gero ou no Fasano, você vai proibir também em restaurantes da periferia, quer dizer, isso acarreta um peso imenso para a fiscalização".

"Lembro aquela história de fechar bar à uma hora da manhã. Não deu certo por causa disso..."

"Teoricamente, se você concentrar, você fecha. Mas nesta cidade... tão grande como São Paulo é... Pense também nas cidadezinhas do interior... pequenas... Não é fácil e não adianta você adotar medida e depois não ter condição de garantir a implantação. Toda vez que se fala em proibir isso e aquilo, muito bem, o que acontece, qual é a penalidade? Você tem sempre que perguntar".

Serra continua: "É inegável que a responsabilidade deve ser do estabelecimento, porque, sendo do estabelecimento, é o estabelecimento que vai ter que coibir. Um exemplo. Há alguns anos, eu estava certa noite num bar em Nova York com alguns parlamentares. Eu me lembro, eu perdera a eleição, mas ainda estava no Senado. Um deles estava fumando. Veio o garçom e começou a infernizar... "O senhor não pode fumar",

"O senhor não pode fumar". E ele... ele resistiu. No final, teve que ceder. Quer dizer, o próprio estabelecimento tem interesse de controlar quando pode ser punido".

Os restaurantes estão ressabiados. Há comerciantes que concordam com a proibição, seria o argumento mais que sólido na discussão com fumantes inconvenientes. Mas a resistência é grande. O medo de perder clientes fala mais alto.

A pneumologista Vera Luiza da Costa e Silva já viu esse filme: "Na época da proibição da propaganda, a indústria falava que as agências de publicidade iam perder dinheiro. Ninguém perdeu dinheiro. Entre as agências de publicidade, nenhuma quebrou por causa disso. Tudo é coisa enganosa. Agora, dizem que os bares e restaurantes vão perder cliente por não permitir fumar. Não perdem". Ela diz e prova: "Estão aí os resultados da Irlanda, da Escócia, da Inglaterra, de Estados Unidos, Canadá e Chile. Tem vários lugares do mundo mostrando que não perdem. Os não fumantes começam a ir mais aos restaurantes, é isso o que acontece. Os não fumantes começam a ir mais, os fumantes se acostumam a não fumar mais dentro do local e faz bem para todo mundo, especialmente para o garçom, que não tem nada a ver com isso".

No final da década de 1970, Igo Losso, deputado paranaense hoje esquecido, previa esse movimento na tribuna da Câmara. Representante da Arena – o partido de apoio aos governantes militares durante o período da ditadura (1964-1985) – e do Paraná, um estado produtor de tabaco, ele achava que algum dia não seria mais possível a convivência com a fumaça alheia. Preconizava que a mudança começasse nas repartições públicas.

"Acreditamos piamente que, em futuro não distante, os governos, em nível federal, estadual e municipal, a exemplo do que ocorre em outras nações, saberão efetivar medida igual àquela que motivou estas palavras. Proíba-se o fumar em repartições e órgãos da administração pública direta e indireta. Esse exemplo será seguido por boa parte das empresas privadas, e teríamos, então, o cigarro confinado entre as quatro paredes dos lares dos fumantes e a ambientes como os de boites, dancings etc.".

COMO FAZER UMA LEI QUE PEGUE

"A LEI NÃO PODE SER a indutora de mudanças, a lei deve ser a consolidadora de práticas", diz o cardiologista Adib Jatene. E repete: "A lei não pode ser a indutora de mudanças, a lei deve ser a consolidadora de práticas". Ele repete a frase três, quatro vezes, quantas ele achar necessárias. Cita exemplo, cita outro e repete, como se estivesse dando aula, e não uma entrevista. Mas tem no olho o brilho de quem achou explicação para um dos grandes mistérios brasileiros – o da lei que não pega.

Quando ministro, Jatene conseguiu fazer leis que pegaram. Sua explicação não é só teórica: "O que acontece no Brasil é que as pessoas imaginam que a lei muda comportamentos. Não muda. Porque, se a lei não estiver de acordo com a conscientização, ninguém respeita a lei. E ninguém cobra a lei. É por isso que no Brasil tem muita lei que ninguém obedece e também não é cobrada. É por isso que eu sempre digo: a lei não pode ser a indutora de mudanças, a lei deve ser a consolidadora de práticas".

Não que alguém tenha pensado nisso para fazer a legislação brasileira sobre tabaco, mas de alguma forma ela passou a existir quando a população já era favorável a ela. A consciência já existia, e alguns políticos conseguiram vencer a pressão dos lobistas sobre seus colegas de profissão. A lei brasileira vem a reboque da cultura contra o tabaco. A grande maioria dos fumantes concorda com a legislação federal brasileira, elogiada pela Organização Mundial de Saúde e pelo Banco Mundial.

Adib Jatene lembra que, muitos anos antes da primeira norma legal sobre o assunto, existiam grupos de médicos que estudavam o tema e brigavam para conscientizar a população. "Olha, desde que ficou absolutamente clara a relação entre tabaco e câncer – câncer de pulmão, câncer de bexiga, vários tipos de câncer – e a relação do tabaco com a doença cardiovascular, a arterosclerose coronária, é evidente que os médicos em geral começaram a se manifestar contra o tabaco".

As primeiras manifestações dos médicos eram isoladas. Longo caminho foi percorrido até que os grupos se encontrassem e passassem a ter algum tipo de influência na sociedade, lembra o oncologista Antônio Pedro Mirra: "Todas as atividades, todos os movimentos até 1979 praticamente eram movimentos individuais. Eram indivíduos que se interessavam, estudavam sobre tabagismo e começavam a fazer movimentos nas suas áreas de atuação. O exemplo é a Associação Médica do Rio Grande do Sul, que foi a primeira, iniciou movimento e fez programa antitabagista antes de 1975, 1976. Até então, nenhuma das instituições fizera isso".

"Na realidade, nós iniciamos mesmo a nossa atividade em 1975, porque participamos de congresso nos Estados Unidos, em Nova York, em que outros professores aqui da faculdade [USP] foram. Eu era do Hospital do Câncer. Foi a partir daí que a gente teve noção maior sobre o problema tabagismo. Porque davam diretrizes e informações, e aí nós discutíamos, pensando em iniciar isso aqui. E levamos de 1975 a 1979 para poder deslanchar nesse sentido".

A época era mais complicada. As informações sobre congressos internacionais não chegavam com facilidade ao Brasil. As publicações especializadas precisavam ser encomendadas, eram caras e demoravam muito tempo para chegar. O maior problema apontado pelo oncologista era a desconfiança dos colegas médicos. "Primeiro, havia os que não acreditavam que cigarro fizesse mal à saúde. Entre os que acreditavam, havia o grupo que desconfiava da história do vício, achando que largava o cigarro quem tinha força de vontade. Entre os que acreditavam que cigarro fazia mal e viciava, havia o grupo que não considerava o assunto problema para o governo", lembra.

"O que havia era que o médico não considerava tabagismo um problema de saúde pública. Esse era o problema. Ele não tinha informações, não tinha recebido nenhuma informação na faculdade. Para ele, isso não era importante; importante eram as doenças infecciosas. Doenças crônicas estavam nessa época já se avolumando, porque estava existindo controle das infecciosas. Mas só em algumas áreas do Brasil, as mais desenvolvidas. Então, para que precisava levantar esse problema se outros eram mais cruciais?", explica o dr. Mirra. "E não foi só em relação ao tabagismo, mas também em relação ao câncer. Porque até convencer de que havia necessidade de planejar e fazer programas e estudos de câncer... Na área governamental, os médicos alegavam que o problema principal era doença infecciosa no Brasil".

Essa visão não era exclusiva do governo brasileiro. Vários países apresentavam a mesmíssima justificativa para a Organização Mundial de Saúde, sediada em Genebra, Suíça. Lembra a médica Claire Chollat-Traquet: "Não era difícil entrar em contato com os países. Pelo menos uma vez por ano, seus representantes vêm a Genebra e, claro, muito rapidamente eu convenci o diretor-geral a pôr o assunto na agenda em todas as assembléias gerais. Então, eu pressionava para discutir controle de tabaco. Não era difícil a aproximação, mas é complicado quando você não tem o suficiente para comer, não tem o suficiente para comprar remédio contra malária... Tabaco é a última das suas preocupações".

Ainda na década de 1970, vários médicos brasileiros acharam que era preciso se preocupar com o tabaco. Antônio Pedro Mirra fez parte do primeiro grupo que se reuniu para tratar do assunto: "Lá estavam José Silveira, da Bahia; Jayme Santos, do Espírito Santo; Martins e Rosemberg, daqui de São Paulo; Rigatto, do Rio Grande do Sul; Edmundo Blundi, do Rio; e Rios, que é de Pernambuco. Esse mesmo grupo lançou, em 1979, a Carta de Salvador. Todos nós participamos, seria o levantamento do problema do tabagismo no Brasil e a grande denúncia, dizendo que o governo não tomava conhecimento".

O movimento surtiu efeito. Graças a contatos privilegiados de alguns desses médicos e ao barulho que a união deles consegue fazer, o assunto vai parar no governo federal e no Senado da República. Os médicos foram recebidos pelo ministro da Saúde, Mário Augusto de Castro Lima. "Foi a primeira vez, através do Palmério, que era da Bahia também, muito amigo", conta Mirra. Marcamos audiência com Mário Augusto, que foi favorável, e recomendou que falássemos com o Jarbas Passarinho, líder do governo. Fomos encontrar o Jarbas, ele falou vamos ver e tal. E ficou no vamos ver. Isso começou em 10 de abril de 1979. Naquela época, começamos a implementar nosso trabalho, tivemos reuniões na Comissão de Saúde do Senado e com membros da American Cancer Society (Sociedade Norte-Americana de Câncer). Você vê como era no início de 1979 e depois o que acontece hoje... a diferença é tremenda, da água para o vinho".

Como o governo recebe os médicos, mas não toma nenhuma atitude, a movimentação deles continua na Associação Médica Brasileira, em conjunto com a Sociedade Brasileira de Cancerologia. Especialistas de diferentes áreas e de várias instituições conceituadas eram convocados para reunir idéias sobre como fazer o programa nacional contra o tabagismo.

Em 29 de agosto de 1980, a Sociedade Médica do Paraná, liderada pelo médio Jayme Slotnik, lançou a Greve do Fumo, espécie de Dia sem Tabaco embrionário local. Foi essa a data escolhida, seis anos depois, para ser o Dia Nacional de Combate ao Fumo, instituído pela lei nº 7.488 de 1986.

Quem se lembra do fato é o médico Marcos Moraes, que acompanhou a forma como o governo tratava os profissionais de saúde: "Ainda em 1979, as lideranças médicas para o controle do tabagismo fizeram o primeiro contato de sensibilização com o governo federal para que assumisse essas ações. No entanto, mesmo no início da década de 1980, as ações continuaram apenas no nível não governamental e de forma regionalizada em sociedades e associações médicas, com o tema sendo abordado em seminários, simpósios e eventos afins. Só em 1985 o Programa de Controle do Tabagismo se tornou programa de governo, quando o Ministério da Saúde assumiu oficialmente a iniciativa, criando o Grupo Assessor do Ministério da Saúde para Controle do Tabagismo no Brasil, formado por médicos de diferentes especialidades".

O oncologista Antônio Pedro Mirra, que participa ativamente de todo o processo, conta os passos imediatamente anteriores: "Foi criado o primeiro programa nacional, que a Associação Médica Brasileira encampou e lançou, nesse mesmo ano, em Niterói, no Congresso da própria AMB. A partir daí, esse programa, que foi o primeiro esboço pensado para dar arranjo nacional a esse combate. O Ministério da Saúde assumiu e usou o programa como modelo para o programa do Ministério, datado de 1985".

A base do programa federal foi a formação de um grupo, dentro da estrutura do governo, para tratar do assunto. Antônio Pedro Mirra lembra que o grupo foi recebido pelo presidente da República, José Sarney, embora fosse oficialmente amordaçado. Existir era uma coisa, falar sobre tabagismo em nome do governo era outra, completamente diferente. Mas, pelo menos, foi possível marcar uma data nacional para falar sobre o tema. "Fomos recebidos pelo Sarney, levamos o projeto de lei para criar o controle do tabagismo no Brasil. Aí, saiu a primeira lei federal estabelecendo 29 de agosto como o Dia Nacional contra o Tabaco".

Parecia outra tentativa de demonstrar que algo era feito pelo governo quando, na realidade, nada saía do lugar. É impossível saber com segurança quais eram as intenções do governo brasileiro ao oficializar o trabalho dos médicos contra o tabagismo.

E é exatamente nesse momento que a pneumologista Vera Luiza da Costa e Silva começa sua carreira dentro do governo. "Havia o pequeno time no Ministério da Saúde, Grupo Assessor para o Controle do Tabagismo no Brasil, e outro grupo, tipo Secretaria Executiva, que estava começando também a fazer o mesmo trabalho. A Secretaria Executiva começou a me chamar como representante do Inca para participar dessas reuniões. Eu comecei por aí. Essa comissão foi substituída por um médico, que hoje em dia trabalha no Senado, e, quando esse médico foi para o Senado, passei a coordenar o programa e, por isso, a ir para Brasília. Tive que largar a clínica, o hospital e passar a me dedicar completamente à parte de prevenção".

A entrada para o grupo de prevenção também foi a solução apontada por um momento pessoal extremamente difícil na vida da médica. "É, porque eu tinha dois nenéns em casa. Minha filha, com um ano e meio e meu filho mais novo, que nasceu em 1986. Minha mãe morreu de câncer nesse mesmo ano, e eu, enfim, comecei a achar que a gente tinha que fazer alguma coisa no país, mais para prevenir do que para remediar", ela justifica. "Eu trabalhava em hospital de câncer, com pacientes de câncer, vi minha mãe morrendo de câncer e a gente não tinha o que fazer. Eu trabalhava na seção de tórax, onde os pacientes com cânc7er de pulmão iam morrendo na cara da gente sem que a gente pudesse fazer alguma coisa. Larguei tudo na parte clínica e fui trabalhar no projeto novo com prevenção".

O projeto é novo e artesanal. Não tem luxos, como mesas próprias, cadeiras, sala de reunião ou secretária. Sai do papel graças a talentos individuais, esforços pessoais e muita criatividade. O cartunista Ziraldo, pai do Menino Maluquinho, ainda não era tão famoso quanto hoje, apesar dos anos áureos de militância no *Pasquim* e do hábito de ganhar concursos de pôsteres. Um craque na arte, foi ele o escolhido para desenhar as primeiras campanhas contra o fumo. No aniversário de 25 anos, seu pôster ganha o texto comemorativo do Inca e vira capa de revista internacional. Os pôsteres de Ziraldo não sofrem com a passagem do tempo, continuam atuais.

O primeiro Dia Mundial sem Tabaco aconteceu em 1987. Vera Luiza da Costa e Silva dá jeito de colocar aquele grupo de trabalho nas comemorações. "Eu organizei, com ajuda de alguns colegas, o primeiro concurso de frases contra o fumo aqui na cidade do Rio de Janeiro. A gente saía atrás da lista das escolas, fazia cartinhas para as escolas, botava as cartinhas no correio... a gente fazia tudo, tudo, tudo... No começo, esse processo era tão complicado que a própria diretoria do Hospital do Câncer achava que não era função do Instituto Nacional do Câncer e que era coisa secundária. Eu trazia papel de Brasília debaixo do braço para copiar, imprimir".

A pneumologista pensa que não é suficiente fazer política só a partir de Brasília, com repercussão apenas no Rio de Janeiro. Passa a percorrer os estados para convencer os políticos. "Eu comecei a ir a todas as Secretarias Estaduais de Saúde. Eu marcava conversa com o secretário de Saúde assim na lata também. Percorri o Brasil inteiro com os audiovisuais, mostrando e tentando convencer os secretários. Depois, tentava convencer os ministros a, quando tivessem reuniões com os secretários, colocar isso na pauta".

O trabalho feito de teimosia deu certo. O Ministério da Saúde passou a fazer convênios com as Secretarias da Saúde para que elas assumissem o processo pelo SUS. A idéia da médica é que tudo fizesse parte da mesma ação, sem processos paralelos em cada estado ou em cada município. Isso fez a equipe de combate ao tabagismo crescer dentro do Inca. "A gente teve Marcos Moraes como diretor, pessoa determinante no crescimento disso, porque ele acreditou no trabalho, na proposta".

Prevenção era a palavra de ordem em sua gestão, diz Moraes. "No período em que estive à frente do Inca, a instituição responsável pela política nacional de controle do câncer, minha visão era de que precisávamos colocar em evidência que o câncer é doença que oferece alto potencial de prevenção e controle, e investir no conjunto de ações sincronizadas Em âmbito nacional para prevenção primária e para detecção e tratamento precoce dos cânceres mais prevalentes".

Ele explica que, de acordo com a OMS, ações de prevenção primária poderiam evitar 30% dos casos de câncer. A detecção precoce com tratamento adequado poderia evitar 30% das mortes. O conhecimento científico fortaleceu médicos e pacientes na batalha contra o câncer, mas o número de casos continua crescendo. A população brasileira se expõe cada vez mais ao que os especialistas chamam de "fatores de risco evitáveis". No rol, tabagismo, alimentação insalubre, inatividade física, infecções sexualmente transmissíveis, exposição a carcinógenos ambientais e ocupacionais. O câncer mais comum no Brasil é o de pulmão e 90% da vítimas são ou foram fumantes. O cigarro é traço comum da história de 30% das pessoas que morrem de câncer. Pouco mais de 20% da população brasileira fuma, conforme dados de 2007.

Marcos Moraes tinha um sonho e investiu nele: "Não poupei esforços para fortalecer o núcleo para que pudesse trabalhar na transformação dos conhecimentos científicos em um conjunto de ações de âmbito nacional, que pudessem mudar o cenário de consumo de tabaco e seu impacto sobre a saúde. Em 1992, começamos a investir no papel do Inca como o órgão do Ministério da Saúde responsável pelas ações nacionais de controle do tabagismo. A doutora Vera Luiza da Costa e Silva, médica pneumologista da instituição, desempenhou papel central e propulsor nesse processo, pois, com seu entusiasmo e dedicação, foi capaz de mobilizar o interesse para o tema e de agregar profissionais ao núcleo dentro do Inca, a semente da grande e crescente mobilização nacional organizada, que é hoje o Programa Nacional de Controle do Tabagismo coordenado pelo Inca".

Nos primeiros nove anos da construção desse programa, os esforços são concentrados principalmente em ações educativas. Dessa forma, se consegue também identificar profissionais interessados no tema que possam se tornar parceiros no futuro. Oficialmente, tudo era feito pelo Serviço de Controle do Tabagismo (Setab), que funcionava dentro do Pro-Onco, Programa de Oncologia do Inca. Apesar do nome pomposo, a equipe contava com apenas quatro pessoas. Por isso era tão importante construir a rede nacional, descentralizada, para cuidar do tema. A solução também resolveria a questão das diferenças regionais.

Na prática, a mudança saiu do papel pelas mãos do ministro Adib Jatene em 1995. Começa a busca nas Secretarias Estaduais de Saúde pela indicação oficial do responsável pelo gerenciamento do programa contra o tabagismo. É instituído o convênio entre o Fundo Nacional de Saúde e as Secretarias Estaduais de Saúde. O Inca fornece suporte técnico para que cada estado consiga estabelecer seu plano alinhado ao nacional, conta Marcos Moraes. "Esse convênio permitiu que as Secretarias Estaduais de Saúde se estruturassem e se preparassem para todo o processo de descentralização de gerência de ações educativas – campanhas, ações em unidades de saúde, escolas e ambientes de trabalho, tratamento do fumante – para as Secretarias Municipais de Saúde. Cabe ao Inca o papel de acompanhar a evolução das ações previstas no Plano de Trabalho dos estados, visando avaliar a efetivação das obrigações pactuadas no convênio".

As ações contra o tabagismo passam a chegar no mesmo tom, como partes da mesma política, todas alinhadas nos milhares de municípios brasileiros. Ao mesmo tempo, é iniciada a série de projetos-pilotos para atacar a aceitação social do cigarro e estimular os programas de cessação de fumar principalmente entre quem é considerado formador de opinião, como professores, alunos, profissionais de saúde e trabalhadores de empresas.

Tanto esforço não rendeu até hoje financiamento governamental próprio para o combate ao tabagismo. O dinheiro sempre vem de algo mais geral relacionado a prevenção. Se isso dificulta as ações, em dado momento foi até vantajoso para o trabalho da pneumologista Vera Luiza da Costa e Silva. "Prevenção de fatores de risco 'em geral' encontrava menos resistência dos fumantes, das Secretarias, achavam que a promoção da saúde era mais correta. Começamos a trabalhar com os fatores de risco em geral, e a incluir tabagismo como forte fator de risco. Com isso, avançamos e conseguimos recursos sem precisar especificar a linha de trabalho de controle de tabagismo, que talvez não conseguisse esse tipo de recurso e nem espaço. Depois, ampliamos para a prevenção do câncer de forma geral. Apareceram recursos e financiamento".

Embora as leis brasileiras contra o tabagismo não sejam conhecidas e nem interfiram no dia-a-dia do país de maneira significativa, boa parte delas funciona bem, melhor até que em países onde se respeita a maioria das leis. Atacar o tabagismo não era só atacar aquele fator de risco para a saúde, era ir contra o padrão cultural estabelecido de maneira e com intensidade diferente nas diversas regiões do país. Nenhuma lei nacional teria funcionado se não fizesse sentido para tantas pessoas e tantas maneiras de pensar.

Descentralizar as ações de saúde e as políticas educacionais foi fundamental na construção da massa crítica para aceitar e até fiscalizar as ações de saúde propostas pelo governo em forma de lei. Legislação que chegou depois que a população já ouvia sobre o assunto nos grandes meios de comunicação, que têm a mesma capilaridade das instituições governamentais e mais peso na formação de opinião. A mídia não faz lei, mas lança moda e, por isso, se torna importantíssima nas mudanças de comportamento e padrões de aceitação social. As pessoas só respeitam a lei se ela vier para corroborar o que boa parte da sociedade já acha que seja certo e justo.

PROPAGANDA NÃO, OBRIGADO

O CONGRESSO NACIONAL não desfruta da credibilidade que deveria ter junto à população brasileira. Tem passado a maior parte do tempo sendo apedrejado e expondo suas entranhas na mídia. Os acertos da democracia representativa geralmente passam ao largo, ninguém sabe que aquilo é trabalho de deputado ou senador. Garantir direitos de minorias, novas políticas de saúde, inovações na educação, redistribuição de renda, tudo leva a chancela do Poder Executivo, ainda que o único esforço do presidente da República e seus ministros tenha sido assinar o documento final aprovado pelo Legislativo.

Não fosse a sociedade ser representada no Parlamento tal como é, com suas virtudes e defeitos, talvez não tivéssemos legislação tão boa sobre consumo e propaganda de tabaco no Brasil. Deputados e senadores tiveram coragem de debater o tema abertamente quando ir contra o cigarro era comportamento socialmente ridicularizado. Mas debatiam, ouviam pessoas diferentes, contavam experiências pessoais, histórias de amigos, de familiares. Aprovavam leis, remando contra a maré.

No período mais ferrenho da ditadura militar, um ano após o golpe de 1964, o Congresso Nacional resolveu atirar contra um dos melhores amigos dos militares – a indústria do tabaco. Fumar, como vimos anteriormente, era parte da cultura militar e também parte polpuda da arrecadação de impostos no país. Mesmo assim, lembra o médico Marcos Moraes, os legisladores tomaram a medida ousada – que permaneceu guardada na gaveta pelo Poder Executivo durante mais de vinte anos.

No âmbito do Legislativo, data de 1965 o primeiro projeto de lei instituindo a obrigatoriedade de advertência sobre os malefícios do tabaco. Mas foi só em 1988 que a Portaria nº 490 do Ministério da Saúde trouxe a primeira regulamentação sobre as embalagens e publicidade dos produtos fumígenos. Foi nessa ocasião que, entre outras medidas, as indústrias produtoras de cigarros passaram a incluir obrigatoriamente nos maços e nas propagandas o aviso:

O MINISTÉRIO DA SAÚDE ADVERTE: FUMAR É PREJUDICIAL À SAÚDE.

Obviamente, os louros ficaram para o ministro Bóris da Silveira e o presidente José Sarney. Poucos lembram que era medida pioneira e arrojada do Congresso, que já havia completado a maioridade sem que o Poder Executivo fizesse a sua parte.

Na década de 1990 já não era possível deixar medida como essa dormindo no esquecimento. A sociedade começava a se familiarizar com o tema, a imprensa iniciava a abertura para o assunto, as pessoas gostavam de debater o cigarro, era época de mudanças. Novos ministros, familiarizados com a questão do tabagismo, chegavam ao poder.

Grande impulso também foi dado pelos deputados da Assembléia Nacional Constituinte, lembra a médica Vera Luiza da Costa e Silva. "Colocaram o tabaco na Constituição. Hoje, não tem mais o mesmo impacto, mas, na época, a repercussão foi grande, foi muito importante".

CONSTITUIÇÃO FEDERAL
Art. 220.
(...)
§ 4º A propaganda comercial de tabaco, bebidas alcoólicas, agrotóxicos, medicamentos e terapias estará sujeita a restrições legais (...) e conterá, sempre que necessário, advertência sobre os malefícios decorrentes de seu uso.

No mesmo artigo se estabelece que as restrições precisam ser regulamentadas por leis federais. E era aí que morava o problema. O governo federal jamais tomaria a iniciativa de propor sanções definitivas e em âmbito nacional contra alguns de seus grandes aliados, bons pagadores de impostos, queridinhos do Ministério da Fazenda. Entre os deputados e senadores, não faltava quem tivesse coragem de apresentar o projeto, mas fazer com que ele andasse era outro problema.

Adib Jatene já havia participado da imposição de medidas duras contra o tabagismo no InCor, mas confessa que não era sua bandeira principal no Ministério da Saúde. Cede à influência de quem já militava no setor e sabia muito bem o que queria. "Quando cheguei ao Ministério, encontrei o doutor Marcos Moraes, presidente do Inca, e a doutora Vera, encarregada desse setor no Inca, que vieram me propor medidas práticas. Na época, o deputado que lutava muito contra o tabagismo era Elias Murad, de Belo Horizonte". Em 1996, Murad conseguiu aprovar no Congresso a medida restritiva da propaganda de cigarro. "Aquilo foi importantíssimo, porque a propaganda de cigarro estava em todos os cantos. Hoje, não se vê mais nada", diz o ex-ministro.

O ex-deputado lembra das conversas que teve com o então ministro da Saúde. "Foi o ministro que mais me deu apoio. Tanto que a lei foi sancionada. E ele me deu apoio porque ele sabe, ele vê, todo dia. O Adib Jatene todo dia está vendo problemas relacionados ao tabaco, que exigem muitas vezes a intervenção cirúrgica dele, dos mais habilidosos do país na área cardiovascular".

A medida não acabava completamente com a propaganda, mas foi abalo significativo na indústria do tabaco e verdadeira novela na vida de Elias Murad: "Como médico, farmacêutico e químico que sou, empenhado na área de prevenção do abuso de drogas, resolvi, assim que eleito deputado federal, apresentar projeto de lei restringindo o uso e a propaganda do tabaco. Acompanhei esse projeto no Congresso durante sete anos, sendo às vezes desorientado com algumas colocações de alguns colegas, que causavam profunda surpresa, porque eu buscava o bem-estar, principalmente na questão do tabagismo, da população brasileira".

Político de carreira, Elias Murad sai pela tangente tal qual peixe ensaboado quando é questionado sobre quem seriam os colegas. Diz que não importa. No final das contas, tiveram de votar a favor, aceitar a lei, que foi aprovada por unanimidade no Congresso Nacional.

Os arquivos da indústria do tabaco mostram que não foi tão simples assim. Pilhas de documentos falam sobre a Lei Murad desde que foi proposta. Todas as reuniões dos políticos são acompanhadas, o impacto é medido por especialistas. Há papéis curiosos, principalmente os que têm anotações manuscritas, feitas por executivos internacionais das *tabacaleras*. Em traduções para o inglês das notas taquigráficas de sessões do Congresso Nacional, aparecem círculos em torno de nomes de parlamentares que permanecem até hoje no poder e na mídia, com direito até a troca de cadeira legislativa por Ministério. A flechinha leva à informação:

"THIS GUY IS LOBBYING FOR BAT. ANOTHER ONE LOBBYING FOR BAT."

"Este indivíduo está fazendo *lobby* para a British American Tobacco" (leia-se Souza Cruz). "Outro que faz *lobby* para a BAT".

Foram três eleições entre a apresentação do projeto de Elias Murad e sua aprovação. Em todas elas, políticos recebem doações generosíssimas de empresas do setor do tabaco. É curioso que os mais aguerridos não tenham sido exatamente estes. O que a imprensa chama de "bancada do cigarro" são os que recebem doação legalizada de empresas do ramo na campanha, não os que realmente defendem os interesses dessas empresas no Congresso Nacional. São outros os defensores, sem vestígios de doações de campanha relacionados ao tabaco, mas largamente citados em documentos internos das empresas, documentando uma relação estreita e difícil de explicar.

Com ajuda dos líderes governistas e de muitos integrantes da oposição, Elias Murad conseguiu vencer as barreiras em sete anos. Construiu a peça legislativa que seria endurecida depois, mas traz muitas determinações que são tratadas como novidades absolutas ainda hoje em várias cidades do país e em meios de comunicação respeitáveis. Leis municipais simplesmente repetem o que o Congresso Nacional instituiu para o país inteiro há 12 anos, a imprensa instala a polêmica, e os prefeitos, que adoram aparecer, aproveitam.

Na época da aprovação, era lei de alto impacto e de grande repercussão midiática. Elias Murad reconhece a importância do apoio do Poder Executivo e conta como seu jeito mineiro de ser o livrou da tradicional mão grande do Poder Executivo para cima dos louros dos deputados. "A lei foi aprovada exatamente em 1996 e assinada pelo presidente Fernando Henrique Cardoso. Na época, ele ficou comigo determinado dia e falou: 'Estão dizendo por aí que a lei é de minha autoria...'. E eu: 'O senhor não pode se apossar da lei não...'. De maneira cordial, deixamos os fatos bem esclarecidos".

Vários assuntos são abordados pela Lei Murad, emendada algumas vezes ao longo dos anos. Aqueles relacionados a tabaco continuam atualíssimos e, se acaso não funcionam, é por total incompetência ou falta de vontade na fiscalização e aplicação de sanções pelas prefeituras de todo o Brasil.

LEI MURAD – nº 9.294 – DE 15 DE JULHO DE 1996

Dispõe sobre as restrições ao uso e à propaganda de produtos fumígenos, bebidas alcoólicas, medicamentos, terapias e defensivos agrícolas, nos termos do § 4º do art. 220 da Constituição Federal
(...)
Art. 2º É proibido o uso de cigarros, cigarrilhas, charutos, cachimbos ou de qualquer outro produto fumígeno, derivado ou não do tabaco, em recinto coletivo, privado ou público, salvo em área destinada exclusivamente a esse fim, devidamente isolada e com arejamento conveniente.

§1° Incluem-se nas disposições deste artigo as repartições públicas, os hospitais e postos de saúde, as salas de aula, as bibliotecas, os recintos de trabalho coletivo e as salas de teatro e cinema.

§2° É vedado o uso dos produtos mencionados no caput nas aeronaves e veículos de transporte coletivo, salvo quando transcorrida uma hora de viagem e houver nos referidos meios de transporte parte especialmente reservada aos fumantes.

Art. 3° *A propaganda comercial dos produtos referidos no artigo anterior somente será permitida nas emissoras de rádio e televisão no horário compreendido entre as vinte e uma e as seis horas.*

§1° A propaganda comercial dos produtos referidos neste artigo deverá ajustar-se aos seguintes princípios:

I - não sugerir o consumo exagerado ou irresponsável, nem a indução ao bem-estar ou saúde, ou fazer associação a celebrações cívicas ou religiosas;

II - não induzir as pessoas ao consumo, atribuindo aos produtos propriedades calmantes ou estimulantes, que reduzam a fadiga ou a tensão, ou qualquer efeito similar;

III - não associar idéias ou imagens de maior êxito na sexualidade das pessoas, insinuando o aumento de virilidade ou feminilidade de pessoas fumantes;

IV - não associar o uso do produto à pratica de esportes olímpicos, nem sugerir ou induzir seu consumo em locais ou situações perigosas ou ilegais;

V - não empregar imperativos que induzam diretamente ao consumo;

VI - não incluir, na radiodifusão de sons ou de sons e imagens, a participação de crianças ou adolescentes, nem a eles dirigir-se.

§ 2° A propaganda conterá, nos meios de comunicação e em função de suas características, advertência escrita e/ou falada sobre os malefícios do fumo, através das seguintes frases, usadas seqüencialmente, de forma simultânea ou rotativa, nesta ultima hipótese devendo variar no máximo a cada cinco meses, todas precedidas da afirmação "O Ministério da Saúde Adverte":

I - fumar pode causar doenças do coração e derrame cerebral;

II - fumar pode causar câncer do pulmão, bronquite crônica e enfisema pulmonar;

III - fumar durante a gravidez pode prejudicar o bebê;

IV - *quem fuma adoece mais de úlcera do estômago;*
V - *evite fumar na presença de crianças;*
VI - *fumar provoca diversos males à sua saúde.*

§ 3º As embalagens, exceto se destinadas à exportação, os pôsteres, painéis ou cartazes, jornais e revistas que façam difusão ou propaganda dos produtos referidos no art. 2° conterão a advertência mencionada no parágrafo anterior.

(...)

Art. 10. *O Poder Executivo regulamentará esta Lei no prazo máximo de sessenta dias de sua publicação.*

(...)

Brasília, 15 de julho de 1996

Não é comum, mas o governo federal realmente regulamentou a lei – e com pouco atraso. Em decreto assinado pelo presidente da República e quatro ministros, ficam definidas legalmente expressões subjetivas como "recinto coletivo" e "recintos de trabalho coletivo", além das especificações sobre a área destinada aos fumantes.

DECRETO nº 2.018, DE 1º DE OUTUBRO DE 1996

CAPÍTULO I

(...)

Art. *2º Para os efeitos deste Decreto, são adotadas as seguintes definições:*

I - RECINTO COLETIVO: local fechado destinado a permanente utilização simultânea por várias pessoas, tais como casas de espetáculos, bares, restaurantes e estabelecimentos similares. São excluídos do conceito os locais abertos ou ao ar livre, ainda que cercados ou de qualquer forma delimitados em seus contornos;

II - RECINTOS DE TRABALHO COLETIVO: as áreas fechadas, em qualquer local de trabalho, destinadas a utilização simultânea por várias pessoas que nela exerçam, de forma permanente, suas atividades;

(...)

IV - ÁREA DEVIDAMENTE ISOLADA E DESTINADA EXCLUSIVAMENTE A ESSE FIM: a área que no recinto coletivo for exclusivamente destinada aos fumantes, separada da destinada aos não fumantes por qualquer meio ou recurso eficiente que impeça a transposição da fumaça.

(...)

Art. 6º A inobservância do disposto neste Decreto sujeita o usuário de produtos fumígenos a advertência e, em caso de recalcitrância, a retirada do recinto por responsável pelo mesmo, sem prejuízo das sanções previstas na legislação local.

Brasília, 1º de outubro 1996

Desde 1996, é proibido no Brasil fumar em bares, restaurantes e locais de trabalho. A exceção é a área de fumantes conforme descrita no decreto. Ou seja, não pode ser a famosa linha imaginária que divide fumantes de não fumantes e jamais é respeitada pela fumaça do cigarro. O problema é que o governo federal não encarregou ninguém da fiscalização e a pena é retirar o fumante do recinto.

Pode parecer insuficiente, mas foi necessária muita discussão até que se chegasse a esse ponto. A ajuda unilateral do ministro da Saúde foi decisiva. No apagar das luzes do mandato do presidente Itamar Franco, seu ministro, o ortopedista Henrique Santillo, resolveu impor severas restrições à propaganda do tabaco e exigir advertências muito claras no material publicitário e nas embalagens.

Era 29 de dezembro de 1994. No feriado de Ano Novo, a cardiologista Jaqueline Scholz Issa teve contato com a publicação da norma e não teve dúvida: mandou o documento para a Organização Mundial de Saúde. Também informou que Henrique Santillo havia deixado o posto. Em 6 de janeiro de 1995, chega ao Brasil um fax oficial da OMS, parabenizando duas vezes o ex-ministro da Saúde. O diretor do programa Tobacco or Health ("Tabaco ou saúde"), J. R. Menchaca, diz ter certeza de que o novo ministro, Adib Jatene, daria continuidade a essa política. Elogiava os esforços do InCor nessa direção. A carta foi remetida pela cardiologista ao ministro.

Em 17 de janeiro, um dos primeiro atos de Adib Jatene à frente do Ministério foi montar grupo de trabalho para estudar o assunto. O problema era jurídico, não se podia fazer aquele tipo de proibição por portaria. Elias Murad lembra, mas acha que a atitude de Henrique Santillo ajudou seu projeto a caminhar: "É que, naquela época, ainda não tínhamos a legislação e, nesse caso, algumas portarias podem ser feitas em determinados setores. Mas a portaria não tem força de lei. Alguém faz a portaria, aí, muda esse setor do governo, o outro vem e faz portaria diferente. A portaria tem valor limitado, daí a necessidade da lei, que nós conseguimos e, felizmente, foi um dos maiores avanços no Brasil. Então, ela [Jaqueline] deve ter ajudado e levado a melhor boa-vontade para aprovar o nosso projeto".

A portaria foi feita alguns meses depois que parte significativa da imprensa havia discutido o vídeo da Organização Mundial de Saúde apresentado pela cardiologista Jaqueline Scholz Issa nas comemorações do Dia Mundial sem Tabaco no InCor. Era absolutamente irredutível. Em dado momento, se estampa na tela em letras garrafais:

POR QUE BANIR A PROPAGANDA DE CIGARRO?

Entra um homem forte, loiro, jeitão de modelo, um quê de esportista, bem vestido, bronzeado:

"Talvez você me reconheça. Por seis anos eu andei pela sua vizinhança, até na sua própria casa. Eu empurrava a droga que causa mais sofrimento entre todas – a nicotina. Trabalhei como modelo em propagandas de cigarro, estava em todos os lugares, pôsteres, outdoors, revistas. Fui usado pelas empresas para glamourizar o cigarro. Isso é mentira. Eu não quero mais ser modelo de cigarros. Quero ser um modelo de vida para os meus filhos e para os filhos de outras pessoas".

É propaganda que já invadia os lares nos Estados Unidos, patrocinada pela American Cancer Society (Sociedade Norte-Americana de Câncer). O narrador continua.

"Conter o poder da propaganda de cigarro é agora um dos maiores desafios enfrentados pelos agentes de saúde. Todas as energias do grupo apoiado por [Stephen] Woodward estão empenhadas em apoiar o projeto apresentado no parlamento por Kevin Barron. Ele pretende banir todas as formas de propaganda de tabaco em todo o país".

O próprio parlamentar dá os números:

"Aqui na Grã-Bretanha, temos todos os anos 110 mil mortes relacionadas ao câncer e outras doenças derivadas do cigarro. Cerca de 300 pessoas estão morrendo por dia devido ao cigarro. Nós somos uma nação muito pequena".

Enquanto Barron caminha por lindos jardins ao lado do Parlamento britânico, o narrador continua:

"Os dados mostram que, em países com proibição total da propaganda, o consumo de tabaco caiu de maneira significativa. As preocupações de Kevin Barron vão além de seu país natal.

"As companhias de cigarro estão movendo para outras partes do mundo o que poderiam fazer na Grã-Bretanha. Estão promovendo, glamourizando o cigarro, conseguindo que as pessoas comecem a fumar".

O filme acaba na China em início de abertura econômica, com novos ricos começando a pipocar pelas ruas.

"Na China, as companhias de cigarro estão cortejando ativamente o mercado de cigarros que cresce mais rapidamente no mundo. A China está mais avançada que outros países na limitação da propaganda de cigarros, mas a proibição ainda não cobre situações como estas".

Entram cenas de pessoas fumando em rigorosamente todo tipo de lugar, de barzinho noturno a sala de espera. O cenário mais bonito, mais moderno, mais iluminado, é de local patrocinado por marca de cigarro. São centenas no país.

OS GOLPES FINAIS

AINDA ERA PERMITIDO fazer propaganda de cigarro no Brasil. Havia várias restrições, mas era possível. A indústria investia pesado em patrocínios de eventos artísticos e esportivos. Os documentos dos tribunais norte-americanos e ingleses mostram intensa movimentação das *tabacaleras* para pressionar o governo brasileiro a voltar atrás nas proibições. Adib Jatene, cardiologista respeitadíssimo, deixa o Ministério da Saúde e quem assume é o ex-ministro do Planejamento, o economista José Serra. Os fabricantes esperavam encontrar pela frente outro economista que gostasse do dinheiro do cigarro. Mas não foi desta vez.

Não havia pudor em cobrar os interesses financeiros, lembra Vera Luiza da Costa e Silva. "Tive acesso às cartas que as indústrias escreviam para os ministros, a forma muitas vezes agressiva como chegavam aos gabinetes dos ministros, coisa desrespeitosa, impondo seus direitos, as exigências. No começo, todos os acordos eram voluntários – e acordo voluntário privilegia a indústria, não privilegia a população nem a Saúde Pública".

José Serra conta que era pressionado no Ministério da Saúde para relaxar um pouco as proibições. "Pressionavam. Cheguei inclusive a receber o presidente de grande empresa de cigarros. O que eu disse a ele foi: se o filho dele perguntasse se deveria fumar ou não, o que ele diria. Ele ficou sem resposta. Evidentemente, ele não ia dizer que aconselharia o filho a fumar... Mas também não disse o contrário".

No final das contas, o ministro cedeu a pressões, mas às do corpo técnico do Ministério, e decidiu endurecer ainda mais as regras. Era o golpe final, dando fim à propaganda na imprensa e proibindo fumar nos aviões. No exterior já estava provado que isso era possível, graças às longas rodadas de conversação com empresas conduzidas pela médica suíça Claire Chollat-Traquet.

Conta ela: "Foi muito difícil para mim, por exemplo, chegar às empresas aéreas, porque elas me falavam para contatar a Iata (Internacional Air Transport Association,

Associação Internacional de Transporte Aéreo), alegando: 'Se a gente impedir o fumo nas aeronaves, as pessoas não vão voar com a gente'. A Lufthansa foi das últimas empresas aéreas a proibir o fumo e, na época, usei muito o aspecto econômico. Fui até algumas das pequenas empresas para dizer: 'Veja quanto o tabaco custa para você. Você tem que trocar o seu filtro, você tem que limpar o avião, você tem que trocar suas cortinas, etc. etc.'. Tentei pelo menos arrumar alguns vôos para não fumantes, vôos curtos. Funcionou muito bem, mas foi tudo aos poucos. As companhias de cigarro tinham vários lobbies, que iam às empresas aéreas dizendo: 'Se você cortar o cigarro, as pessoas não vão voar com você'. Na verdade, foi facilmente provado que isso era mentira".

No Brasil, até o ano 2000 continuava permitido fumar nos vôos longos, ainda que as poltronas de fumantes tivessem sido substituídas pela área para número restrito de pessoas nos fundos da aeronave. O local era fechado por cortininha de pano. Vazava fumaça. No final da viagem São Paulo-Paris, até o passageiro da primeira fila estava fedendo a cigarro.

Começavam as primeiras ações judiciais sobre o assunto, o que era moda nos Estados Unidos, mas nunca teve frutos no Brasil. José Serra conta que, logo depois da concessão de liminar judicial proibindo fumar em aviões, decidiu tornar isso regra permanente: "Nós proibimos fumar no avião. Na época, fiz com que a relatoria fosse para o Jutahy Júnior, deputado da Bahia, líder do PSDB, que deu toda a força. Houve oposição, principalmente de parlamentares das áreas que plantam tabaco – inclusive da Bahia, e ele é da Bahia, do Rio Grande do Sul... O que nós mostramos é que não iria cair a produção nessas áreas, porque essas medidas todas, o que se poderia realmente querer com elas, era a contenção do crescimento do hábito de fumar, já que a redução absoluta é muito mais difícil por causa da força do vício".

LEI nº 10.167, DE 27 DE DEZEMBRO DE 2000

(...)
§ 2º É vedado o uso dos produtos mencionados no caput nas aeronaves e demais veículos de transporte coletivo.(...)
Art. 3º A propaganda comercial dos produtos referidos no artigo anterior só poderá ser efetuada através de pôsteres, painéis e cartazes, na parte interna dos locais de venda.
(...)
Art. 3º-A Quanto aos produtos referidos no art. 2º desta Lei, são proibidos:

> (...)
> II – a distribuição de qualquer tipo de amostra ou brinde;
> III – a propaganda por meio eletrônico, inclusive internet;
> IV – a realização de visita promocional ou distribuição gratuita em estabelecimento de ensino ou local público;
> V – o patrocínio de atividade cultural ou esportiva;
> VI – a propaganda fixa ou móvel em estádio, pista, palco ou local similar;
> VII – a propaganda indireta contratada, também denominada merchandising, nos programas produzidos no País após a publicação desta Lei, em qualquer horário;
> VIII – a comercialização em estabelecimentos de ensino e de saúde.
> Parágrafo único. O disposto nos incisos V e VI deste artigo entrará em vigor em 1o de janeiro de 2003, no caso de eventos esportivos internacionais e culturais, desde que o patrocinador seja identificado apenas com a marca do produto ou fabricante, sem recomendação de consumo.
>
> Brasília, 27 de dezembro de 2000

O parágrafo único do artigo 3º-A é a chamada "cláusula da Fórmula 1". O evento é importantíssimo para o Brasil e praticamente todas as escuderias são patrocinadas por empresas produtoras de cigarros. Os países europeus já proibiam que as marcas fossem exibidas durante as corridas, mas eles são donos de circuitos tradicionais, importantes para o evento. O Brasil é país periférico, ameaçado de troca por um vizinho que permitisse a propaganda.

Esperava-se que a questão ficasse resolvida em 2003. Naquele ano, se sabia que era proibido. As escuderias já cobriam os nomes das marcas de cigarros no carro, mas ameaçavam mudar o evento de São Paulo para o Rio de Janeiro caso não pudessem mais fazer a propaganda. A prefeita Marta Suplicy apelou para o governo federal. Os líderes no Congresso Nacional ajudaram e saiu a Lei nº 10.702, de 14 de julho de 2003, modificando fundamentalmente um ponto da lei anterior.

> § 1º Até 30 de setembro de 2005, o disposto nos incisos V e VI não se aplica no caso de eventos esportivos internacionais que não tenham sede fixa em um único país e sejam organizados ou realizados por instituições estrangeiras.

O problema era empurrado para o ano de 2005. Apesar de a medida ter sido proposta pela rival regional Marta Suplicy e ter desfeito ação do governo Fernando Henrique, José Serra não condena a medida. "Foi pressão da Fórmula 1 sobre a prefeitura..."

Não raro, o círculo da Fórmula 1 coloca seus pilotos mais carismáticos a serviço das marcas de cigarro. Os brasileiros chegaram a formar o Marlboro Brazilian Team e alguns deles tentavam explicar a ministros que era vantajoso deixar o patrocínio somente naquele evento, como exceção. No final das contas, a propaganda foi mesmo proibida no Brasil e na maioria dos outros países. Não consta que as corridas tenham perdido dinheiro por causa disso.

Não é só perder o espaço da propaganda que apavorava os produtores de cigarros. O eventual aumento da eficiência na fiscalização, tanto da composição dos cigarros quanto do contrabando do produto, caía como bomba. O motivo não é absolutamente claro, mas os arquivos internos da indústria mostram intensa troca de correspondências quando se cogita que o tabaco entre no rol de produtos fiscalizados por um órgão que seria criado no Brasil, Agência Nacional de Vigilância Sanitária (Anvisa). A agência deveria ser desvinculada de pressões dos políticos, tanto no Executivo quanto no Legislativo, com poderes para punir de maneira severa e dotada de pessoal suficiente para promover fiscalizações efetivas. Dizem que quem não deve não teme. Mas é só ditado popular. Muitos ramos produtivos tremeram diante do anúncio da criação da Anvisa.

A solução legal foi Medida Provisória, ato unilateral do Presidente da República, sem passar pelo crivo do Congresso Nacional. Como o ministro da Saúde era José Serra, que desde sempre odeia cigarro, se presume que ele teve a idéia de passar o produto para o âmbito da temida Anvisa. Não foi assim. O ouvido privilegiado da pneumologista Vera Luiza da Costa e Silva deu origem a essa história.

Na época, ela era a responsável por prevenção de mortes precoces por câncer, todas elas. Trabalhava com sucesso no programa de controle do câncer de colo de útero, que recuperou cada uma das diagnosticadas em todo o Brasil. Além de curar o câncer, era necessário curar a trajetória de vida, dar estímulo a todas elas. Talvez seja mais simples em casos individuais, mas é meta complicada em política de saúde pública nacional. Eram necessárias várias reuniões em Brasília, com o ministro da Saúde, para discutir o assunto, lembra a médica.

"Numa dessas reuniões eu ouvi o ministro Serra falando com o ministro do Planejamento sobre a criação da Anvisa. Cheguei perto do ministro e falei: 'Ministro Serra, o senhor está criando a Agência Nacional de Vigilância Sanitária? Acho isso fantástico em saúde pública, mas o senhor também está pensando em colocar o controle do tabagismo ou o controle da indústria do tabaco, dos produtos do tabaco, como atribuição dessa agência? Ele olhou para mim e falou: 'Tabaco? Nunca pensei em botar tabaco nas atribuições da agência...'. 'Pois é, eu acho que o senhor deveria colocar, porque existe demanda, ninguém regulamenta a indústria no Brasil, ninguém regulamenta os produtos do tabaco'. Ele falou para mim: 'É, é boa idéia, chama o fulano', que era o economista da equipe dele. Chamou, cancelei o meu vôo para o Rio de Janeiro... E era assim... Passando por ele, ouvi o telefonema... Era assim que eu fazia, toda vez que tinha oportunidade".

A Medida Provisória nº 2.190-34, de 23 de agosto de 2001, era o aglomerado de emendas a diferentes leis já aprovadas pelo Congresso Nacional. Emendada pela primeira vez, a Lei Murad ganharia sua segunda emenda, endurecendo ainda mais seus efeitos. Não só o cigarro passava a ser fiscalizado pela agência com poderes para aplicar multas altíssimas e fechar empresas da noite para o dia, mas também as advertências mudavam. As emendas ao parágrafo terceiro eram as seguintes:

> §2º A propaganda conterá, nos meios de comunicação e em função de suas características, advertência, sempre que possível falada e escrita, sobre os malefícios do fumo, bebidas alcoólicas, medicamentos, terapias e defensivos agrícolas, segundo frases estabelecidas pelo Ministério da Saúde, usadas seqüencialmente, de forma simultânea ou rotativa.

> §3º As embalagens e os maços de produtos fumígenos, com exceção dos destinados à exportação, e o material de propaganda referido no caput deste artigo conterão a advertência mencionada no § 2º acompanhada de imagens ou figuras que ilustrem o sentido da mensagem.

A linguagem técnica sempre suaviza a realidade. Não parece, mas é aí que se inaugura a era das fotos de horror nos maços. Conta José Serra: "Ouvi dizer que isso existia no Canadá e imediatamente adotamos a idéia. O Brasil foi vanguarda na América Latina, sem dúvida nenhuma".

Vera Luiza da Costa e Silva lembra que o momento político foi tenso. "O ministro Serra foi habilidosíssimo e teve força política fantástica, porque, na gestão dele, a gente conseguiu botar as advertências mais fortes nos maços, além das imagens. Claro que já havia história, massa crítica, acho que tudo isso é processo, não existe coisa isolada do contexto – era processo em que vários ministros foram contribuindo".

O mais recente ministro da Saúde, José Gomes Temporão, fez doutorado em Saúde Coletiva, foi pesquisador da Fundação Oswaldo Cruz, é membro do Cancer Control Advisory Comittee (Comitê Consultivo de Controle de Câncer) da OMS. Já disse em entrevistas que o Brasil tem excelência em três políticas públicas: vacinação, tratamento de portadores de HIV e ações contra o tabagismo. Mas pretende ir além. Quer acabar com o "direito individual" de provocar câncer nas outras pessoas. Lança o projeto de acabar com os fumódromos em todo o Brasil. Deu entrevista coletiva à imprensa sobre o assunto.

"Não há nenhum nível seguro de consumo de cigarro, e não me parece razoável que a pessoa que não fuma seja obrigada a ficar do lado de fumante e fumar junto com ele. Isso não é questão de liberdade individual, é questão de saúde pública. O fumo passivo é problema sério de saúde. Não estamos falando de coisa pequena, e sim de coisa extremamente grave. O mundo inteiro está proibindo o cigarro em ambiente fechado. Inglaterra, Irlanda, França, Itália, e o Brasil vai seguir no mesmo caminho."

O ciclo é sempre igual, filme que se repete. Novamente, a decisão está nas mãos do Congresso Nacional. Deputados e senadores muitas vezes são canastrões protagonizando cenas de filmes B, mas neste assunto específico têm tradição de boas produções — nunca deixaram o país na mão quando o assunto é cigarro.

10

PAI, NÃO FUMA QUE VOCÊ MORRE

PARECE TER SIDO MUITO RÁPIDO. Até ontem, era normal criança comprar maço de cigarros para os pais na padaria. Qualquer pessoa podia fumar em qualquer lugar, quem reclamava era chato, não tinha mais o que fazer da vida. Mas transformar cultura é demorado. O ponto de partida é o mundo que transforma o cigarro em símbolo social de grande importância e não consegue vê-lo como produto, passa a ser comportamento, estilo de vida. Mas chegamos à sociedade que desmistifica o cigarro. É produto como outro qualquer, mas vicia e causa número espetacular de doenças em quem o usa e em quem estiver perto do usuário.

O processo é complexo, talvez nunca se consiga explicar exatamente a engrenagem capaz de promover na área o tipo de mudança almejado como sonho em outras. Um dos grandes méritos da luta antitabagista talvez seja não ter depositado todas as fichas em máquina única – seja ela pessoa, decisão governamental ou ato de heroísmo. Toda a sociedade participou do processo, que começa de forma individual e descoordenada e cresce até que todas as células passam a ter algum tipo de ligação e a trabalhar no mesmo sentido.

Têm grande importância os profissionais de saúde, que trouxeram as primeiras informações, e também os que seguiram na mesma luta. Além deles, profissionais de mídia, artistas e políticos ajudaram na função de esclarecer as pessoas a respeito das informações técnicas e mostrar que era possível obter *glamour* de outra fonte que não o tabaco.

O ex-presidente do Inca, Marcos Moraes, lembra que foi processo complicado estabelecer consenso sobre as conseqüências do tabagismo entre os médicos. "Esse movimento, embora progressivo, não evoluiu de forma rápida e linear, pois enfrentou e tem enfrentado muitas resistências e interferências de grandes companhias de fumo na defesa de seus interesses econômicos, fortemente ameaçados pela divulgação dessas informações. Os primeiros marcos importantes desse processo aconteceram ainda na década de 1940, quando, através de bancos de dados de seguros de saúde, foi possível realizar os decisivos estudos epidemiológicos prospectivos, que consolidaram a relação de cigarros, câncer de pulmão e mortalidade nos Estados Unidos e Grã Bretanha. Esse estudo concluiu que cigarros constituíam enorme risco para a saúde, não apenas como causa de câncer de pulmão, mas também como fator de risco para doença de coração e outros tipos de câncer".

Até então, eram poucos os estudos epidemiológicos. Não havia nenhuma experiência científica que apontasse de forma decisiva relação de causa e conseqüência envolvendo componentes de cigarro. Mas os estudos evoluíam. Em 1964, o Surgeon

General, que é o Ministério da Saúde dos Estados Unidos, decidiu publicar o relatório oficial com todas as pesquisas concluídas até então. Informava, de maneira taxativa, que a ciência havia demonstrado os riscos do tabagismo para a saúde. É o berço da guerra entre indústria e agentes de saúde pública, diz o médico.

"A divulgação do relatório do Surgeon General gerou forte reação das indústrias do tabaco, marcando o início da maior batalha entre estas e as forças da saúde pública nos Estados Unidos. Nesse processo, a relação entre tabagismo e câncer foi publicamente negada pela indústria fumageira durante décadas. Além disso, durante anos, essas empresas recorreram a estratégias de marketing para minar a credibilidade dos achados das pesquisas e do relatório do Surgeon General e de outras instituições de Saúde Pública perante a opinião pública".

O grande problema para a indústria fumageira, segundo Marcos Moraes, foi a importância que o Congresso dos Estados Unidos deu ao tema, respondendo ao relatório do Surgeon General com a criação de lei que mandava constar nos maços de cigarro o aviso:

CAUTION: CIGARETTE SMOKING MAY BE HAZARDOUS TO YOUR HEALTH.

(CUIDADO: FUMAR CIGARROS PODE SER PERIGOSO PARA A SUA SAÚDE.)

No Brasil, a ditadura militar, no auge, proibia a disseminação de qualquer informação negativa relacionada às empresas de cigarro. Mesmo assim, o Congresso Nacional se movimentava no mesmo sentido do que já haviam feito os parlamentares norte-americanos. Em 1971, o senador José Lindoso, da Arena, advogado que já havia sido secretário da Educação no Amazonas, apresenta projetos para proibir parcialmente a propaganda de cigarros no rádio e na televisão, regulamentar comercialmente a propaganda, obrigar a colocar advertências sobre os males para a saúde nos maços e a proibição de venda para menores de idade. Naquele ano, ainda se podia fumar nas reuniões do Conselho Federal de Medicina. A proibição vem só em 26 de março de 1971.

Foi o mesmo ano em que o diretor do Serviço Nacional do Câncer, Moacir Santos Silva, junto com Aristides Pinto Coelho e Onofre Ferreira de Castro, programa campanha antitabagismo nacional dentro da Campanha Nacional de Combate ao Câncer. Ela nunca foi levada adiante. Por quê? Ordem do governo.

Naquela época, em São Paulo, existiu durante pouquíssimo tempo a Sociedade de Combate ao Fumo, criada pelo médico Ajax Walter Silveira, que conseguiu realizar dois simpósios. Em 1972, ele convence a prefeitura de São Paulo a fundar o Centro de Recuperação de Fumantes. A atividade principal parece absurda hoje, mas era o que a ciência conhecia na época: ministrar cursos para deixar de fumar em cinco dias. A atividade dos médicos era feita também por comunidades religiosas evangélicas.

De qualquer forma, a idéia começa a ficar popular. Em 1976, com participação decisiva do médico Mário Rigatto, a Associação Médica do Rio Grande do Sul institui no estado o primeiro programa de combate ao fumo. Os programas de combate ao fumo pipocam em sociedades médicas, hospitais e Secretarias de Saúde de diversas regiões do país. Em 1982, eles já são realidade em São Paulo, Paraná, Pará, Espírito Santo, Bahia, Maranhão, Rio de Janeiro, Rondônia, Minas Gerais, Pernambuco, Santa Catarina e Distrito Federal.

O trabalho dos médicos coincide com o início da popularização do assunto no Congresso Nacional. Em 17 de setembro de 1976, o deputado pelo Amazonas Antunes de Oliveira, do MDB, o partido de oposição ao governo militar, reflete sobre os fumantes do Brasil.

"Quem fuma, mesmo possuindo os melhores princípios de lhaneza e fina educação, deixa tudo isso de lado para posicionar o vício que o domina. Não importa o lugar onde se encontre: hospital, cinema teatro ou local de trabalho, a meta é fumar, obstinadamente, sem nenhum respeito ao direito alheio".

O parlamentar também leva aos colegas o julgamento técnico da questão, sob a ótica de um dos maiores cardiologistas da história do país.

"As palavras do professor Euryclides de Jesus Zerbini, durante a IV Jornada de Atualização em Cardiologia, quando afirmou: 'O cigarro é mal maior que o álcool e a maconha, na medida em que seu uso é permitido e disseminado, enquanto os demais tóxicos são controlados por fortes restrições sociais e policiais'."

No mesmo discurso, Antunes de Oliveira também bate na tecla que se tornaria central em vários países a partir da década de 1980: a propaganda. Somente 20 anos depois, ela sofreria a primeira restrição no Brasil.

"A propaganda do cigarro é desenfreada e feita sem nenhum controle. Cartazes gigantescos surgem nas ruas e praças, apresentando o produto como símbolo de sucesso na vida. Essa propaganda astuciosa, que age por meio do extraordinário poder da sugestão, procura convencer as pessoas, principalmente os jovens, de que o ato de fumar está intimamente relacionado com o sucesso, a coragem, o prestígio social, o trabalho e até mesmo o esporte. Como se bons esportistas e campeões pudessem transformar-se impunemente em aspiradores de fumaça, fazendo da boca fornalha e das narinas, chaminés."

O cardiologista Adib Jatene garante que os médicos já haviam estudado à exaustão o primeiro relatório norte-americano sobre cigarro, e os políticos já estavam devidamente informados sobre o assunto e sobre a batalha que começava a se estabelecer em torno da propaganda. "Ah, sabiam, mas não havia massa crítica de informações capaz de se opor à propaganda maciça que existia na época. Então, tudo é assim. É preciso conscientizar grandes massas da população antes de conseguir medidas restritivas contra determinadas coisas. É como o problema da cerveja. Hoje, é problema sério. Você precisa conscientizar as pessoas e depois entrar com medida restritiva, porque é interesse econômico muito forte, tem muito dinheiro envolvido. Essas empresas contam não digo com o favorecimento, mas com a complacência dos meios de comunicação. Qual é o meio de comunicação que não aceita propaganda de cerveja? É preciso que todos se conscientizem e que, então, o governo estabeleça normas restritivas de modo geral, que todos vão aceitar".

No final da década de 1970, os profissionais de saúde também eram influenciados pela indústria do cigarro. Antônio Pedro Mirra tinha dificuldades para convencer os colegas da veracidade de informações trazidas do exterior. "Coisa interessante... depois de a gente levar as informações sobre as conseqüências do fumar, muitos médicos ainda não acreditavam... achavam que a gente era meio poeta por querer fazer movimento nesse sentido. Ninguém tomava conhecimento, mas tanto se insistia que água mole em pedra dura tanto bate que até fura. De tanto a gente insistir, muitos médicos começaram a sentir no próprio organismo as conseqüências de fumar, a sintomatologia para a qual alertávamos e lembrávamos como evidência, e passaram a verificar que estavam com aqueles sintomas. Então, muitos começaram a deixar de fumar."

O oncologista já foi fumante. Percebia o efeito do cigarro no próprio corpo e sabe como funciona cabeça de viciado: "Ele nunca leva a sério. Ou então diz: 'Não, é só a tosse do fumante, tossidor crônico, é o cigarro'... e fica por isso mesmo. Tanto que depois de dez anos de programa, quando fizemos novo levantamento, tínhamos somente 10% dos médicos fumando. Houve decréscimo muito rápido em dez anos, como conscientização desse grupo do Hospital do Câncer para a necessidade de deixar de fumar".

Cigarro era figurinha constante dentro dos hospitais. Na cultura da época, não conflitava com saúde. Mesmo nesse meio, era símbolo de sucesso, *glamour*, *status*. Para o médico José Manoel de Camargo Teixeira, este era o maior problema. "Era coisa até meio complicada, porque os próprios profissionais fumavam dentro do hospital".

"Os amigos do senhor, médicos, fumavam?"

"Muitos, a maioria"

"É?"

"Não só médicos. Profissionais da saúde, enfermeiros... fumar, o uso do tabaco era muito freqüente dentro das instituições. Não era só dentro do hospital, era prática comum na sociedade, até certa maneira de as pessoas terem *status*. Fumar dava *status*, porque tudo na propaganda trazia o uso do cigarro como o *status* social".

Os médicos demoraram para estudar esse assunto. Ao contrário, comum era o estudante de medicina começar a fumar com o grupo de colegas da faculdade. Foi o que aconteceu com a pneumologista Vera Luiza da Costa e Silva. O tema tabagismo só é incluído no currículo das faculdades de medicina em 1977. A Pontifícia Universidade

Católica de São Paulo (PUC-SP) aplicou em sua unidade de Sorocaba a idéia do médico e professor José Rosemberg, que havia feito a semana antitabagismo na instituição, além de conseguir emplacar o tema em teses de pós-graduação na escola.

O tema era absolutamente polêmico. Na segunda-feira, 9 de maio de 1977, a indignação abalou o deputado Inocêncio Oliveira, da Arena de Pernambuco até a tribuna da Câmara dos Deputados. Médico, não se conformava com algumas reportagens. Durante a ditadura militar, os meios de comunicação davam espaço para declarações que, no exterior, já haviam sido desmascaradas e apresentadas como comprovadamente falsas. O parlamentar está na Câmara até hoje.

"Há alguns dias, dirigentes da Companhia de Cigarros Souza Cruz fizeram declarações à imprensa, dizendo: 'O cigarro, ao contrário do que muita gente pensa e diz, não faz mal à saúde; não traz, portanto, qualquer incidência de patologia pulmonar e, muito pelo contrário, o cigarro faz até bem para as pessoas'. Citam, inclusive, estatística onde mostram que a patologia pulmonar dos empregados da empresa é grandemente inferior à dos empregados de outras indústrias. Constata-se que as afirmações dos diretores da Companhia de Cigarros Souza Cruz são inverídicas, destituídas de qualquer base e, principalmente, eivadas de má-fé. Acreditamos que tais declarações se enquadrem no texto de propaganda com má-fé, competindo ao Conselho Federal de Medicina responder à empresa, restituindo, portanto, a verdade."

Não havia concordância de todos os deputados. Era tema novo, que ninguém conhecia bem. Igo Losso, da Arena do Paraná, desabafa em 31 de outubro de 1977, na tribuna da Câmara.

"Não é fácil enfrentar a opinião de milhares e milhares de vítimas do fumo, verdadeiros escravos das maiores engrenagens alimentadas pela sociedade de consumo em que todos vivemos".

Somente no ano seguinte se conseguiria começar no Brasil o programa nacional de combate ao fumo. O governo não cede. A idéia, trazida três anos antes da 3ª. Conferência Mundial de Fumo e Saúde, em Nova York, é patrocinada pela Sociedade Brasileira de Cancerologia. Médicos de todo o país se mobilizam em torno da idéia e, em 10 de abril de 1979, como já vimos, conseguem ser recebidos pelo ministro da Saúde Mário Augusto de Castro Lima e pelo líder do governo no senado, Jarbas Passarinho.

Quase quatro meses depois, sem obter nenhum tipo de resposta, os médicos se reúnem por conta própria. Representantes de 45 entidades médico-científicas, de órgãos públicos e de organizações da sociedade civil participam do ato que, em 31 de julho de 1979, cria o primeiro Programa Nacional contra o Fumo, coordenado pela Comissão Especial de Combate ao Tabagismo da Associação Médica Brasileira. Necessário ressaltar que não se tratava de programa governamental nem dispunha de articulação oficial nos estados. Era esforço exclusivo dos médicos a tentativa de implantação da política positiva. Apesar do governo.

DEDICO ÀS CRIANCINHAS

NO BRASIL, É COMUM a categoria médico-político. São inúmeros, em várias esferas de governo nas diferentes unidades da federação. Um dos mais ilustres é Adib Jatene, que ocupava a Secretaria da Saúde do Estado de São Paulo. Graças a ele se consegue a primeira investida educacional antitabagismo: concurso de cartazes sobre o tema nas escolas da rede pública, entre 2 de outubro e 22 de novembro de 1979. É difícil que algum dos alunos tenha esquecido o evento. Os cartazes vencedores foram expostos no museu mais famoso do país, o Museu de Arte Moderna de São Paulo (Masp).

A estratégia teria continuidade a partir de 1980. O médico Antônio Pedro Mirra guarda até hoje os materiais informativos – fitas dos 28 audiovisuais e de 13 gravações radiofônicas – feitas pela Rádio e Televisão Cultura para distribuição entre os alunos das escolas públicas de todo o estado de São Paulo. "A gente distribuiu para a Secretaria, que distribuiu para a turma toda. Eles jogavam os programas nesses postos de rádio que ficam nas cidades pequenas, em praça pública, com aqueles alto-falantes, e as informações atingiam o público. E iam para as escolas também, para os alunos e para as professoras".

O material fazia parte do currículo da época, que incluía o programa de prevenção ao uso indevido de drogas. Essa campanha chama a atenção da mídia e chega até o exterior. Os ingleses da BBC de Londres vêm ao Brasil para falar sobre cigarro em agosto de 1980. Os médicos também se dedicam a dar palestras em escolas sobre cigarros, em esquema de pergunta e resposta com crianças e adolescentes.

O dr. Mirra acompanhava de perto histórias individuais: "Queriam saber o que acontecia, principalmente tinham perturbação com os pais. Isso foi criando a mentalidade protetora. Hoje, há preocupação dos filhos em relação aos seus pais, porque sabem, têm conhecimentos, informações sobre tabagismo. Então, eles vão e fazem pressão sobre os pais para que deixem de fumar".

"Funciona?"

"Funciona. Tem histórias que são até folclóricas. Aconteceu com um colega médico, que fumava e, na casa dele, era o único fumante. A pressão começou e ele passou a fumar fora É interessante que, quando este colega fumava, o cachorrinho dele tossia junto. Ele reagia, dizendo que estava meio errado o negócio de fumar em casa. Expulsavam meu amigo para fumar fora. E o cachorrinho tossia junto. Depois, ele participou também do movimento contra o tabagismo".

"Eram coisas assim, desse porte, que aconteciam", conta o médico. "Depois, a própria Secretaria fez trabalho junto às escolas, o Ministério da Saúde também e vem cada vez aumentando essa ação. Tudo isso favoreceu para criar esse estado de espírito, à ação das crianças levando ao ajuste dos pais. Era preciso você atuar junto à população infantil, até o adolescente, porque estes são os futuros fumantes, alvos das companhias do tabaco. Toda a propaganda era direcionada para eles".

Até pais médicos se ajustavam com os conselhos dos filhos. O médico de família Alfredo Salim Helito considera que mexer na dinâmica familiar fala alto ao coração do fumante. "No meu caso, que sou médico, clínico, médico de família, realmente o grande marco foi quando eu percebi que na escola, no colégio do meu filho, começaram a incutir na cabeça dele a campanha antitabaco. Aquilo me pegou fundo; e, para mim, pegou bem. Dentro do hospital, o que aconteceu naquela época? Nós, médicos que fumávamos, tentando convencer uns aos outros a parar de fumar, em saudável competição".

Era uma competição, diz o dr. Helito. "Lembro que, quando falei em parar de fumar, mais cinco colegas médicos decidiram também e todos paramos juntos. Destes seis, dois permaneceram sem fumar e quatro voltaram. Nós dois caímos em cima dos outros até que um ou outro parava de fumar. Mas parar de fumar também é coisa que você tem que ter em mente, você tem que criar estado de espírito, porque, se eu agora pegar um maço de cigarros, abrir e botar um cigarro na boca, acabou tudo... vou parar de parar de fumar. Você tem que ficar eternamente se fiscalizando".

A pneumologista Vera Luiza da Costa e Silva considera decisiva a influência desse tipo de ação na mudança cultural do país: "Acho que campanhas, atividades educativas, esse processo todo de trabalho através das Secretarias Estaduais e Municipais, o trabalho das Secretarias de Educação, acho que tudo isso teve papel fundamental nessa história, na geração da nova dinâmica social. Ponto forte desse processo foi a proibição da publicidade e do patrocínio".

Começava o longo caminho para que a publicidade sofresse sanções. O mundo começava a aprender que o famoso faça o que eu digo, mas não faça o que eu faço jamais funcionou com crianças e adolescentes. O ensinado na escola realmente era efetivo para que as crianças incomodassem os pais, mas não impedia que elas próprias, depois de crescidas, achassem cigarro coisa interessante. Era necessário ir além, fortalecer os programas, analisa a pneumologista.

"Os programas de controle de tabagismo no mundo todo aprenderam. Não adianta você ensinar para o menino na escola que fumar faz mal se o menino compra cigarro na cantina da escola, se encontra o cigarro em vendedor ilegal na rua mais barato do que bala, se no caminho da escola até em casa ele vê *outdoor*, se ele liga a televisão em casa, vê propaganda, se ele vê os pais fumando, se ele vai ao restaurante, à lanchonete e tem alguém fumando. O que é que você vai dizer para essa criança? Que fumar faz mal? Que ela não deve fumar?"

CIGARROS PODEROSOS

NA QUARTA-FEIRA 10 de setembro de 1980, o deputado Israel Dias Novais, do PMDB de São Paulo, reclama na tribuna contra o "empurrãozinho" que o chanceler brasileiro dava para favorecer o cigarro. Era Ramiro Elísio Dias Saraiva, diplomata de carreira e ministro das Relações Exteriores do governo do general João Baptista Figueiredo.

"Ontem, tivemos aqui um homem educado até por profissão – pois, assim como o militar é valente por profissão, o diplomata é educado por profissão – o senhor ministro das Relações Exteriores, que é o número um dos diplomatas, depondo perante o plenário e fumando o tempo todo. Em seguida, na televisão, quando Sua Excelência foi filmado, dava grandes baforadas. Não sei a marca do cigarro que Sua Excelência tinha combinado com o produtor, mas estava fumando".

O governo é fumódromo *vip*, reclamava o deputado.

"Outra propaganda indireta que esse produtor aconselha é praticada pelo presidente da República. Vossa Excelência, senhor presidente [referindo-se ao presidente da Câmara dos Deputados], não deixa jamais de ver o presidente [da República], em solenidades, dando as suas fumaradas, numa cortesia muito discutível. Essa é a chamada 'propaganda indireta'. Assim como o Gerson faz propaganda de cigarro na televisão, o presidente da República faz propaganda de cigarro também no uso do seu cargo e nas solenidades. Essa propaganda presidencial, aliás, parece-me muito mais eficiente que as outras".

O Gerson em questão era o meia-armador da Seleção Brasileira de Futebol, eternamente lembrado pela propaganda dos cigarros Vila Rica, que durou anos na televisão. O filme dizia que a marca era melhor e mais barata que as outras e era finalizado com a frase que perseguiria para sempre o jogador de futebol. "Você também gosta de levar vantagem em tudo, certo?" É a Lei de Gerson. Em vigor atualmente no país, mas que, na década de 1970, costumava ser ridicularizada.

Nessa época, a sociedade brasileira começa a se interessar pelo ruído contra o cigarro que vem dos médicos, pinga às vezes na mídia, permeia o dia-a-dia dos deputados. Desde o ano de 1979, houve forte engajamento da Igreja Adventista do Sétimo Dia, da Igreja Presbiteriana Independente do Brasil, da Igreja Católica, de Centros Espíritas e de várias escolas dominicais. O vínculo religioso do brasileiro era forte. Quando algum líder se dispunha a pregar aos fiéis sobre determinado assunto, era certo que seria levado a sério. Muitos deles, dos mais diversos credos, furam o bloqueio da mídia e das proibições governamentais e informam os fiéis sobre os males do cigarro. Também trabalham em metodologias sobre como deixar o vício.

Os religiosos motivam o engajamento de organizações importantes da sociedade civil, como o Rotary Club, o Lions Club e a Associação Cristã de Moços. A informação se propaga mais e mais e, a partir de 1980, os empresários começam a ajudar.

Muitos realizam programas de combate ao tabagismo entre os funcionários, sempre no binômio informação-tratamento.

O superintendente do Hospital das Clínicas, José Manoel de Camargo Teixeira, considera a informação ponto de partida para o processo de mudança de comportamento. "As pessoas passam a ter comportamento diferente quando são mais informadas. A disseminação da informação dos riscos, dos malefícios de qualquer doença ou do uso de qualquer droga faz as pessoas passarem a trabalhar com outro referencial. Aí tem que ser até um pouco agressivo mesmo. Mostrar que fumou vai dar isso, o pulmão fica de tal jeito, todo preto... Está vendo como você respira ar com fumaça preta? Mostrar para a pessoa sentir. Mesma coisa em relação à bebida alcoólica. Todos os problemas que a bebida alcoólica pode determinar. O primeiro grande ponto é informar, é informação".

Em 1981, o governo brasileiro começa a balançar e cria a Comissão para Estudos das Conseqüências do Fumo no Ministério da Saúde, com a função de dar pareceres sobre os projetos de lei apresentados no Congresso Nacional. Especialistas de primeiro time foram chamados: José Rosemberg, Edmundo Blundi, Germano Gerhard Filho, Jayme Santos Neves, José Silveira, Margareth Dalcomo e Mário Rigatto.

O oncologista Antônio Pedro Mirra, dos primeiros a serem recebidos pelo governo, também fazia parte do grupo e se lembra bem do funcionamento dessas comissões durante a ditadura militar. "Você vê a força da indústria tabageira. Todas as vezes que o Ministério criava essas comissões – e foram várias comissões em períodos diferentes, todas elas com sua criação publicada no Diário Oficial –, antes mesmo de ser assinado o ato, as indústrias já estavam pressionando o governo. Sabiam o que existiria antes mesmo de ser lançado e iam forçar a barra para neutralizar. Inclusive, houve época em que publicaram uma relação de pessoas ligadas ao problema que poderiam ser influenciadas e eram pressionadas".

"Tentaram pressionar o senhor?"

"Muito pouco. Eu não dava muita chance de eles chegarem."

A primeira comissão durou só um ano. Os médicos eram proibidos de tornar públicos seus pareceres, mas faziam "pareceres gêmeos", sem vínculo com o governo, e divulgavam pela Associação Médica Brasileira. De qualquer maneira, conseguiram o envolvimento do Congresso Nacional que, em 2 de junho de 1982, fez reunião com representantes da Sociedade Norte-Americana de Câncer, da União Internacional contra o Câncer e da Oficina Pan-Americana de Saúde. Em abril de 1983, em São Paulo, ocorreu a reunião preliminar, sob o patrocínio da União Internacional contra o Câncer, para a criação do Comitê Latino-Americano Coordenador do Controle do Tabagismo. Subsedes começaram a ser instaladas nos vários estados brasileiros.

É óbvio que a indústria do tabaco não iria assistir calada à pancada que tentavam armar contra seus negócios. A questão da saúde e o começo do posicionamento social contra o cigarro obviamente foram detectados pela multinacional que até hoje detém a maior parte do mercado brasileiro, a British American Tobacco. Documento datado de 8 de fevereiro de 1983, exposto ao público pelo tribunal de Minnesota (EUA), mostra que a empresa lidava com três grandes desafios no Brasil – só um era ligado a manufatura e produtividade. Os outros dois eram velhos conhecidos.

"Cigarro e saúde: Precisamos de produtos comercialmente viáveis, que, para terceiros, pareçam ter atividade biológica reduzida e menor risco alegado para o fumante. Reconhecidamente, para as novas concepções de produtos low-delivery [com filtro], devemos estabelecer como os diferentes componentes sensoriais de satisfação do fumante (sabor, impacto, irritação e sensação na boca) influenciam tanto a aceitação dos nossos produtos quanto a forma como são fumados.

Questões sociais*: Além das críticas existentes, baseadas em incômodos (cinzas, mau cheiro, irritação), se desenvolvem rapidamente argumentos de que a fumaça do cigarro é um risco à saúde dos não fumantes. Produtos comercialmente viáveis, que produzam menos fumaça no entorno ou no ambiente, precisam ser desenvolvidos e testados em pesquisas com consumidores."*

Outro documento, do mesmo tribunal, mostra que novos filtros são desenvolvidos no mesmo ano, em contrato com a Universidade de Brunel, na Inglaterra, famosa pelos cursos ligados a tecnologia e engenharia. Prometia-se para agosto de 1983 o resultado do estudo feito para indicar como o filtro evitaria que o fumante aspirasse óxido nítrico. O efeito mais famoso desse componente é a chuva ácida. Findo o contrato, o documento fala na tentativa de iniciar outra pesquisa, dessa vez com a também britânica Universidade de Leeds.

Hoje, o impacto do cigarro com filtro é nulo. Todos têm filtro. O mal que a fumaça causa ao organismo é o mesmo, ela é cheia de venenos, mas os sintomas são muito mais evidentes no cigarro sem filtro – fumar é mais irritante para o sistema respiratório e o fumante tosse mais. A inovação fez muita diferença numa época em que não se imaginava homem-feito sem seu cigarro na mão, lembra o oncologista Antônio Pedro Mirra. "O comum dos homens era fumar. Na época em que a gente fumava, fumava cigarro sem filtro. Não existia filtro, o cigarro era muito mais agressivo".

AGORA É COM O GOVERNO

APÓS O ÚLTIMO GENERAL no poder, na era Sarney (1985-1990), o Ministério da Saúde cria o Grupo Assessor para Controle do Tabagismo no Brasil, absolutamente eclético. Faziam parte o presidente da Comissão de Saúde do Senado, Lourival Baptista; o coordenador do Registro de Câncer de São Paulo, Antônio Pedro Mirra; o professor titular de Tisiologia da Faculdade de Ciências Médicas da PUC-São Paulo, José

Rosemberg; o coordenador do curso de pós-graduação em Pneumologia da PUC-Rio de Janeiro, Edmundo Blundi; o professor titular de Clínica Médica da Universidade Federal do Rio Grande do Sul, Mário Rigatto; o diretor da Divisão Nacional de Doenças Crônico-Degenerativas do Ministério da Saúde, Geniberto Paiva Campos, que levava mais um representante do mesmo órgão, Roberto Azambuja; o diretor da Divisão Nacional de Pneumologia Sanitária do Ministério da Saúde, Germano Gerhardt Filho; e três representantes da Coordenação do Programa Nacional de Combate ao Fumo, Maria Goretti Pereira Fonseca, Vera Luiza da Costa e Silva, também da Campanha Nacional de Combate ao Câncer do Ministério da Saúde, e Luiz Carlos Romero, da Divisão Nacional de Pneumologia Sanitária do Ministério da Saúde.

Havia representantes de órgãos do governo que não eram ligados à Saúde, como Paulo Roberto Guimarães Moreira, do Ministério da Cultura, e Regina Celi, do Ministério da Educação. Participavam ainda Thomas Szego, representante da Associação Médica Brasileira e o presidente da Liga Espírito-Santense contra a Tuberculose, Jayme Santos Neves. A Ordem dos Advogados do Brasil emplacou um representante, Guaracy da Silva Freitas. O Movimento Evangélico Brasileiro, que estava do lado dos médicos desde os programas experimentais na década de 1970, era representado por Vitor Manuel Martinez.

O médico Antônio Pedro Mirra acha que a comissão, embora não tivesse muitos recursos financeiros, era profundamente diferente da primeira, criada em 1981. "No programa de 1985, o governo, o Ministério assumiu, ela dispunha da prerrogativa de utilizar a mídia, gratuitamente inclusive. Então, começou a aparecer mais. Mas, quando se tentava penetrar na mídia privada, era muito difícil fazer inserções. Mandava, vinha uma, duas e olhe lá. E algumas nem punham a programação, não tinham interesse. Os motivos a gente conhece, o patrocinador, a parte econômica..."

Os simpósios não funcionavam tanto para atrair os jornalistas. Só faziam sucesso quando eram novidade absoluta. Os médicos começam a bolar novas estratégias, inspirados principalmente pelo que já se fazia nos Estados Unidos. Os olhos de Antônio Pedro Mirra brilham quando ele lembra da idéia da Corrida contra o Fumo. "A primeira foi feita pela AMB em 1985, de novo em 1986. Era novidade... Nessa primeira, os bombeiros jogaram aqueles jatos coloridos, água em várias cores. Foi muito bonito. No Ibirapuera."

Nesse mesmo ano, a indústria colecionava trabalhos audiovisuais primorosos para defender o cigarro em alto estilo. O relatório fechado em 1985 trazia produções desde 1979. A Philip Morris fez, em 1991, *Carousel*, um cartum animado de 10 minutos. Explica o relatório que um homenzinho tenta legislar contra todas as perturbações que encontra na rotina diária, incluindo fumar. No final, ele é esmagado pelo livro das leis. Para o Brasil, veio a versão em português de *Beyond Reasonable Doubt* ("Sem dúvida alguma"), em que os cientistas garantem que a mesma fumaça, saída do mesmo cigarro, é diferente para quem fuma e para quem está ao lado. Ou seja, alega que fumante passivo não corre riscos. A Associação Brasileira da Indústria do Fumo (Abifumo), por sua vez, faz sucesso com documentários falando da economia do tabaco, traduzidos em vários idiomas.

Em 1987, o Brasil participaria das comemorações do primeiro Dia Mundial sem Tabaco, promovido pela Organização Mundial de Saúde. Participação ainda discreta, dependente da divulgação pela mídia, ainda vacilante quanto ao tema e com agravante: a indústria do tabaco realmente começava a levar a ferro e fogo as ameaças de restrição de propaganda e programas educacionais para a juventude. A criadora dos programas antitabaco da OMS, Claire Chollat-Traquet, lembra que muitas das iniciativas foram adiante com rapidez, porque não eram vistas como perigosas para aquela indústria tão representativa economicamente.

"No início, não levavam a gente muito a sério", conta. "Achavam que a gente não teria sucesso... não muito sucesso. Então, políticos importantes se envolveram. Por exemplo, Helen Clark, que era ministra da Saúde na Nova Zelândia, o primeiro-ministro da Tailândia se envolveu pessoalmente e bastante. Quando eles perceberam que nós tínhamos chance de dar certo, começaram a pressionar muito o nosso grupo, o diretor-geral da OMS, para cortar o financiamento do meu programa, e também os governos, para que se calassem".

A dra. Claire desce aos detalhes: "Antes de tudo, não é nada fácil pressionar a OMS, porque somos 192 estados-membros. Claro, precisamos aprovar todas as resoluções por unanimidade. A pressão vinha de muitas maneiras. Primeiro, durante a assembléia do corpo executivo, em os países produtores que pressionavam. No começo, os Estados Unidos. Pouco a pouco, a própria população norte-americana, cardiologistas, neurologistas, oncologistas, convenceu seus governantes do perigo. Eles se tornaram mais prudentes e começaram a realmente pressionar o diretor-geral e países com comércio bilateral. Havia países como o Malauí, que sempre discordavam, dizendo que 80% da economia deles vinham do tabaco. Eu tinha muita dificuldade para fazer passar as resoluções, mas precisava delas para fazer meu programa funcionar, para as coisas irem bem. Políticos como Helen Clark e o primeiro-ministro da Tailândia foram importantes para nós, porque vieram à assembléia para falar ao mundo contra o tabaco".

Um ano depois que todos os países concordaram com a celebração do Dia Mundial sem Tabaco, o Brasil coloca em sua Constituição Federal a necessidade de regulamentar a propaganda de cigarro. Em 1989, Elias Murad apresenta seu projeto para disciplinar – na verdade, acabar com – a propaganda de cigarros.

"Na época havia colega do senhor, deputado, que agia a favor da indústria do tabaco?"

"Havia, sim. Não eram muito declarados, porque havia sempre certo receio de problemas advindos do fato. Mas havia colegas que, de uma maneira ou de outra, procuravam dificultar nosso trabalho. Nós percebíamos isso. Como em geral há respeito muito grande, não apenas à minha pessoa, mas nessa área da prevenção do abuso de drogas, não encontrei entre os colegas muitos obstáculos. Encontrei obstáculos muito mais fora do Congresso do que dentro. Tanto que consegui aprovar a lei por unanimidade".

Isso só seria possível sete anos depois da apresentação do projeto, como já vimos. Os primeiros anos da década de 1990 foram cruciais para a mudança de mentalidade da população. Os adolescentes e adultos jovens da época eram outra geração, uma geração que não havia sido educada para utilizar o cigarro como rito de passagem para a vida adulta ou como exibição social. O conceito ainda permanecia, mas os pais, embora fumantes, já tinham ouvido algumas coisas sobre as conseqüências do cigarro. Boa parte não sabia exatamente o que fazer com a informação. Na dúvida, o encorajamento à primeira tragada começa a diminuir. A geração dos filhos não foi pega de surpresa com informações aterradoras depois que já estava viciada. Parte começa a fumar, mas sabe das conseqüências.

Em 1991, o Ministério da Saúde transfere sua ação de combate ao tabagismo para o Instituto Nacional do Câncer, sediado no Rio. A comissão muda de nome, reúne todas as iniciativas sobre tabagismo para criar o programa unificado, de âmbito nacional. Tem Câmara Técnica, que absorve alguns dos membros do antigo Grupo Assessor do Ministério da Saúde para Controle do Tabagismo no Brasil. A coordenação fica nas mãos da pneumologista Vera Luiza da Costa e Silva, também eleita coordenadora-geral da recém-criada Associação de Mulheres da América Latina para o Controle do Tabagismo.

"Eu tinha o apoio do diretor de Doenças Crônicas Degenerativas e do grupo em Brasília, que estava começando, coisa muito inicial, sem proeminência política". O tema tampouco tinha representatividade como problema de saúde pública – "difícil até hoje, porque você pega os secretários estaduais de Saúde, os secretários municipais de Saúde... muitas vezes eles não dão nenhuma prioridade a isso. Se forem fumantes, pior ainda, porque interpretam muito como coisa contra a própria conduta, como coisa pessoal, que não é nem opção, porque fumar não é opção, é falta de opção."

A médica começa em 1991 a articulação do programa nacional de combate ao tabagismo. É tarefa trabalhosa. Além de ser estratégica para a implantação do programa definitivo e menos vulnerável às mudanças de humor que acompanham as trocas de governo, também era forma de tentar manter o programa fora do campo de influência das multinacionais de cigarro, que começavam a jogar mais pesado à medida que percebiam a ameaça real.

"Coisa importante entre outras, na formação da massa crítica, foi o fato de começarmos a financiar trabalhos nos estados, acreditar na descentralização, ter pessoas, contrapartes locais que falavam a mesma língua. Fazíamos treinamentos nos estados, nas capitais, nos municípios no interior. Chegamos a 2 mil e poucos municípios treinados, com pessoas que eram pontos focais desse trabalho. Formava-se a massa crítica. O que você não consegue fazer no Ministério e no governo federal, por pressão da indústria, você consegue no nível municipal, pois indústria não consegue alcançar todos os municípios brasileiros".

Nessa época, as fabricantes de tabaco resolvem fazer reuniões em torno do tema brasileiro publicado em revista científica das mais respeitadas do mundo, a *New Scientist*. Na página 10 do exemplar de 15 de agosto de 1992, está o achado de João Arruda Neto, pesquisador do Instituto de Física da Universidade de São Paulo: fumar equivale a tirar dois raios-X por dia, mas só se o cigarro for brasileiro. Aqui no Brasil, o nível de urânio é bem maior que o encontrado nos cigarros vendidos nos Estados Unidos ou na Europa – média de 0,07 ppm de urânio por cigarro. Aqui, o mínimo é 4 vezes essa taxa – 0,28 ppm, chegando a até 0,88 ppm.

Exatamente nesse período surge o maior sucesso de vendas da história do cigarro no Brasil, a marca Derby. O lançamento foi precedido por campanha publicitária velada: a história do cigarro popular. Assim como a do carro popular. Publicações de respeito davam espaço para que se anunciasse nas reportagens iniciativas desse tipo. O deputado mineiro Aloísio Vasconcelos, do Bloco Parlamentar Democrático, protesta em 10 de fevereiro de 1993.

"Venho hoje à tribuna manifestar a minha estranheza e, por que não dizer, o meu espanto diante da afirmação de um diretor da Souza Cruz, empresa fabricante de cigarros, publicada no jornal O Estado de S. Paulo há poucos dias. Disse o industrial que, se o governo federal incentivasse o setor produtivo de cigarros, ele poderia produzir um cigarro popular. Virgem Maria! Confesso, senhor presidente, o meu espanto. Como uma empresa desse porte imagina que o governo pode incentivar o cigarro? Todo cigarro já é ruim, esse seria ainda pior. Isso, para mim, é o cúmulo da cara-de-pau".

Nesse mesmo ano, é realizado pela primeira vez o Dia Mundial sem Tabaco no InCor, Instituto do Coração de São Paulo. A mesma imprensa que ainda dava voz à indústria faz cobertura maciça, chamada pelos nomes de cardiologistas ilustres que compunham a mesa.

Também em 1993, estudo conduzido pelo Instituto de Química da Universidade de São Paulo mostra que os principais poluentes de ambientes internos são poeira da rua e fumaça dos carros. Nada de cigarro. Selecionaram até os marcadores químicos específicos para identificar resíduos de cigarro, mas nada aparece. Anos depois, o que aparece é a carta assinada por Antônio H. Miguel e endereçada a Patrick S. Davies, da Covington & Burling, escritório de advocacia situado na capital dos Estados Unidos.

Junto vai cópia do primeiro rascunho do SEBIAQS, Southeastern Brazil Indoor Air Quality Study, o Estudo da Qualidade do Ar em Ambientes Internos no Sudeste do Brasil, forma de agradecimento ao apoio contínuo e necessário para conduzir o estudo. Segundo o pesquisador que assina a carta, o conhecimento adquirido será muito útil em futuras discussões com o governo, a iniciativa privada e os acadêmicos. Acontece que a empresa de advogados em questão é conhecidíssima por representar a British American Tobacco (Souza Cruz) em processos ligados à saúde.

O estudo não chega a ficar famoso no Brasil. As campanhas antitabagismo começam a ficar mais interessantes. O Dia Mundial sem Tabaco de 1994 tem apelo especial: Como a mídia pode se engajar nessa luta? A mídia respondeu ao chamado. As reportagens ficam mais interessantes. O tema desperta a atenção de cientistas, que produzem trabalhos sobre tabagismo; de políticos, que reivindicam leis sobre o assunto; e de entidades da sociedade civil, que se organizam em torno do tema.

Jornalistas de destaque também se engajam na luta. Jorge Calmon nome importante do jornalismo baiano, professor da Universidade Federal da Bahia, morreu aos 91 anos de idade, em 17 de dezembro de 2006. Dedicou 67 anos, praticamente toda a vida, ao jornal *A Tarde*. Foi redator-chefe da publicação durante 47 anos. Figura conhecidíssima no meio político do Nordeste, foi colega de escola do senador Lourival Baptista. Em 31 de janeiro de 1995, o parlamentar vai à tribuna impulsionado por artigo do colega. Era o começo do fim das redações movidas a fumaça de cigarro.

"Jorge Calmon, diretor, redator-chefe do jornal A Tarde, que foi meu colega de escola no Colégio Antônio Vieira, em Salvador, fumante há 50 anos – segundo ele, desde os tempos em que 'estar com o cigarro entre os dedos era sinal de maioridade, se não de machismo, para impressionar as menininhas" –, após fazer avaliação dos resultados do vício e do alto preço que ele cobrava de sua saúde, do seu organismo, deixou de fumar, abandonando 'sobre um móvel o maço de cigarros ainda pela metade'.

Antes houvera consultado um clínico, segundo confessa em seu depoimento, que o advertiu, após analisar a radiografia dos seus pulmões, alertando-o que já era tempo de deixar o vício, pois o enfisema, a terrível ameaça que paira sobre os fumantes, estava próximo.

Então, estimulado pelo instinto de conservação, segundo diz, e pela 'lembrança do tempo anterior ao começo do vício, ou seja, da infância ou da adolescência, quando vivia perfeitamente bem sem o gosto de fumaça de cigarro', abandonou definitivamente o vício, sem nenhuma tentação de a ele voltar pois, embora o cigarro tivesse sido o seu companheiro por 50 anos, iludindo sua capacidade de sentir e de pensar, inclusive supostamente estimulando sua concentração para escrever, hoje verifica que o cigarro nenhuma falta lhe faz.

(...) Acrescenta: na marcha em que as coisas vão, não tardará o dia em que fumo – cigarro, cachimbo, charuto, o que seja – receberá o mesmo tratamento dado a drogas tais como cocaína, heroína, maconha, etc.. Esse dia chegará quando o poder público e a sociedade se derem conta – e estão começando a capacitar-se disso, não sem grande atraso – do custo do vício em termos de vidas sacrificadas e da saúde de tantas pessoas comprometidas pelo hábito pernicioso".

Lourival Baptista vibrava na tribuna. Médico, sabia exatamente como é convencer a largar o cigarro alguém que fumou durante meio século.

"A minha experiência tem demonstrado que, entre as pessoas, aquelas mais difíceis de se convencerem sobre os males do fumo são os fumantes inveterados, que sempre encontram um subterfúgio de raciocínio para não encarar (...) o problema que o cigarro lhes causa, adiando, sempre, a decisão de bom senso, de força de vontade para deixar de fumar".

Ao mesmo tempo que o Congresso começa a pressionar nesse sentido, reverberando o que começa a crescer na sociedade, o Poder Executivo passa a desenvolver algumas ações. Em 1995, a Secretaria da Saúde do Estado de São Paulo cria a Comissão Estadual de Prevenção e Controle do Tabagismo (Cetab), presidida pelo médico José Rosemberg. Entre todas as figurinhas carimbadas da luta contra o fumo está a jovem médica Jaqueline Scholz Issa, que já conhecemos dos capítulos iniciais. Também fazem parte Antônio Pedro Mirra, Antônio Rufino Netto, Jurandyr Godoy Duarte, Marco Antônio Moraes, Mário Albanese, Sérgio Rodrigues, Maria Célia Guerra Medina, Rodolfo Brunini, Glacilda Telles de Menezes Stewien e Aduan El Kadri.

Ainda em 1995, Mário Albanese explode a bomba midiática chamada Associação de Defesa da Saúde dos Fumantes (Adesf). Seguia o mesmo passo dos Estados Unidos, entrando na Justiça contra o produto, que, usado de acordo com as especificações do fabricante, é letal. Além disso, cobrava que a sociedade tivesse mecanismos para se defender da propaganda abusiva, milionária, que não falava nem dos riscos de fumar e nem informava que o produto vicia.

O ano seguinte, 1996, começa com outro golpe duro para a indústria do tabaco. Marcos Moraes, diretor do Inca, resolve mandar o cigarro brasileiro para análise química em institutos independentes fora do Brasil. Volta com denúncia grave – a indústria adicionava amônia ao cigarro para deixar o fumante mais viciado, já que o componente libera mais nicotina com mais rapidez. O ministro da Saúde, que era Adib Jatene, convocou a imprensa e virou capa de todos os jornais, falando como ministro de Estado e como cardiologista sobre o mal que isso causa às pessoas e ao país. A imprensa inteira noticiou, e os jornalistas encontraram especialistas de outros países dizendo a mesma coisa.

No final de junho de 1996, a indústria do tabaco escreveu e reescreveu, em inglês e direto das respectivas sedes, inúmeras respostas à imprensa brasileira. Era documento revisado à exaustão, afirmando que a amônia era usada para adicionar sabor ao cigarro, não tendo nenhuma relação com aumento do vício. O argumento teria sido facilmente engolido nas décadas anteriores, mas o Brasil vivia outra era. Todo mundo conhecia alguém que tentava largar o cigarro e não conseguia. Quem fumava já percebia que agora fumava mais do que antes. Criou-se o clima em que as pessoas se convenceram de que a indústria lançava mão do que podia para manter seus consumidores fiéis.

Vera Luiza da Costa e Silva sabe o que é fazer políticas para combater o uso do produto que movimenta bilhões de dólares todos os anos: "Eles são como água morro abaixo. Você represa aqui, eles vão por outro lado. Você represa ali, eles vão por um terceiro caminho. Vão mudando de estratégia de mercado de acordo com as restrições. Os documentos da própria indústria mostram que, muito menos preocupada em atingir o consumidor para mudar as marcas, ela está preocupada em escapar às regulações das instituições, ou seja, está mais preocupada em ganhar da saúde pública". Assim sendo, ela consegue até mesmo, em dado momento, usar toda a argumentação contrária em favor próprio.

O raciocínio torto, envolvendo propaganda, revolta o deputado Casildo Maldaner, do PMDB de Santa Catarina. Em 18 de março de 1999, ele constata a nova defesa da indústria:

"Defendendo-se também da acusação de utilizar propaganda enganosa, argumentam, em contrário, ser de senso comum que o cigarro pode causar problemas de saúde, não havendo, portanto, qualquer ilicitude no fato de divulgar a imagem desses produtos, conforme a garantia constitucional".

Adib Jatene lembra que, nessa época, a antes ampla aceitação do cigarro se havia estreitado significativamente; a sociedade brasileira achava bom que as pessoas deixassem o vício: "Claro, porque estava na consciência da população, era consenso. Todo mundo achava isso. Mesmo os que fumavam concordavam que deviam deixar de fumar, só que não conseguiam".

Em 1996, enfim, é aprovada por unanimidade a lei que o ex-ministro da Saúde considera a mais importante na luta contra o tabagismo: "Conscientizar populações é demorado quando você tem os interessados em vender produto com a mídia a fazer propaganda. Por isso, a medida mais importante foi a restrição da propaganda. Quando você restringe a propaganda, tira um dos atores. Ficam em cena aqueles que vão minando as convicções e estabelecendo conhecimento mais amplo e preciso sobre malefícios do tabaco. É sempre assim. Não se faz de repente. As coisas vão lentamente acontecendo".

Não havia dúvida quanto à restrição da propaganda. Por mais que as agências de publicidade pressionassem, a população apoiava a Lei Murad. Para o médico José Manoel de Camargo Teixeira, a sociedade muda quando deixa de ser bombardeada com mensagens favoráveis ao cigarro. "Mudou com certeza, com certeza".

"Dá para perceber?"

"Com certeza. Porque antes só aparecia gente bonita fumando nas novelas. Não havia novela sem o galã, e não havia galã sem cigarro na boca, fumando junto com a mocinha da história. O uso do cigarro era muito freqüente, era *status*. Qualquer jovem queria fumar para mostrar que estava abafando. Hoje, isso vale para a bebida".

A Lei Murad também fazia várias restrições à bebida, mas o lobby teve mais sucesso por não contar com o posicionamento da sociedade sobre o tema. Adib Jatene lembra que, mudando o decreto sobre o que é considerado bebida alcóolica, as cervejas e vinhos escaparam da restrição. "Quando se conseguiu a medida restritiva da propaganda do cigarro e da bebida, pelo Decreto 133, tinha se estabelecido que, para efeito desse decreto, bebida alcoólica era aquela [com teor alcoólico] superior a 13 graus, para tirar a cerveja e o vinho".

A cerveja passou a patrocinar todos os eventos esportivos, induzindo os adolescentes a beber. "Hoje não tem nenhuma festa de ginasianos, de alunos de 5ª, 6ª, 8ª série em que não bebam e não saiam alguns deles totalmente alcoolizados. É o início do processo de alcoolização, patrocinado na mídia", afirma o dr. Jatene. "As propagandas de bebida são as mais caras que existem, usam artistas de primeira linha e patrocinam eventos esportivos, levando, portanto, a juventude a beber bebida alcoólica. Felizmente, a propaganda do cigarro nós conseguimos eliminar. Agora temos de fazer todo o esforço – e o ministro está fazendo esse esforço – para restringir a propaganda de bebida também. Porque bebida alcoólica é aquela superior a 0,6 grau, e não a acima de 13 graus".

O sucesso da proibição se mede pelo apoio da sociedade. Ninguém vai ser conivente com quem burla a lei se achar que a lei está certa. Mas, se as pessoas acham a proibição exagerada, tendem a apoiar quem transgride.

JÁ NÃO É *FASHION*

São todas magras, macérrimas, as modelos que desfilam na São Paulo Fashion Week. Muito novas no geral. Agora não podem ser menores de 16 anos, já houve algumas mais meninas. Os camarins costumavam ser enevoados, maço de cigarro era item certo em bolsa de modelo. Ajuda a controlar o peso e confere certo ar sofisticado de mulher à garotinha desgarrada da família que vai desfilar. Ou melhor, conferia.

Coleção inverno 2008, debaixo da marquise ao lado do auditório do Museu de Arte Moderna (MAM), a modelo de propagandas internacionais ri enquanto fuma. Ao sinal da primeira câmera, esconde o cigarro. "Ai, não me filma, vá..., não tira foto de mim com cigarro na mão..."

"Como o cigarro é visto hoje no mundo da moda?"

"É mau exemplo de qualquer jeito. As meninas querem ser modelos. Eu estou em capa de um monte de revista. Se apareço numa foto fumando, ninguém quer saber o que eu disse, estou fumando. É mau exemplo de qualquer jeito, acho chato fazer esse papel".

A agente da moça, também de cigarro na mão, interrompe com esta história inverossímil. "Ela fuma superpouquinho, não precisa nem falar disso, porque é bem pouco mesmo. Compra o maço e dura a vida todinha, dura meses o maço para ela".

E continua fumando. Fala com mais alguém, atende ao celular, outro cigarro. "Ai, eu não consigo parar, sabia? É o dia inteiro assim. Agora, eu até vim aqui para fora. Acendi o cigarro no camarim e as meninas já começaram: 'Nooossa, como você é brega!!!' Pode? Para elas, é brega".

O impacto do uso de bebida alcoólica e principalmente de tabaco pode ser medido pela reação do público das novelas. O diretor de TV Nilton Travesso conta que o cigarro pode roubar a cena. "Agora, existe certa censura do próprio público. Contra. É aquele negócio, por que beber, por que fumar, precisa disso? Precisa? Porque o mundo inteiro está preocupado. Na Europa, hoje, você não pode fumar nem nos restaurantes, em nenhum prédio, em nenhum departamento mesmo de prefeitura, estadual, Senado, tudo está censurado, está proibido mesmo nos cafés parisienses. O máximo que você pode em café parisiense é fumar lá fora. Nem mesmo em estação de trem você pode fumar, tem que ir lá fora, porque não pode fumar dentro da estação. Não é censura, é exatamente o caminho de cuidar melhor de você".

A indústria sempre trabalhou com a idéia de que fumantes e não fumantes podem dividir pacificamente os mesmos espaços. No Brasil, ainda cola. Tanto o governador de São Paulo, José Serra, quanto o ministro da Saúde, José Gomes Temporão, querem acabar com essa invenção das fabricantes de cigarro, que é o fumódromo. A pneumologista Vera Luiza da Costa e Silva observa que, apesar de ser escandalosamente óbvio que a fumaça incomoda e prejudica a saúde de quem não fuma, o argumento do direito de fumar, criado por quem vende cigarro, ainda é ouvido em várias partes do mundo.

"As campanhas de cortesia nos espaços dos fumantes e não fumantes, na verdade é a imposição do fumante de poluir o espaço do não fumante. Cola ainda em muitos lugares do mundo. Mas o que a gente vê hoje é que em países como Turquia e Tailândia saiu agora a proibição de fumar em todos os lugares públicos. Se a Tailândia e a Turquia podem fazer, por que é que o Brasil não pode? A Europa inteira é mais ou menos dominó enfileirado: cai o primeiro, e vai tornando todo mundo livre de fumo. O Brasil vai ficando para trás. Parece que o ministro Temporão está preparando projeto de lei para acabar com os fumódromos É preciso, porque senão o Brasil vai ficar para trás mesmo", preocupa-se a dra. Vera Luiza.

O primeiro marco do fim dos fumódromos foi a proibição de fumar nos aviões, independentemente do tempo de duração do vôo. Havia o trabalho da OMS, e os médicos conseguiram que a vanguardista Justiça Federal do Rio Grande do Sul entrasse no assunto. Primeiro, foi concedida liminar; depois, o governo transformou em regra geral. Os médicos distribuíam nos aeroportos de São Paulo o folheto intitulado "Por que não se deve fumar nos aviões". Os fumantes odiavam. Alguns chegavam ao cúmulo de rasgar os folhetos. O vício é mais forte que o bom senso. Os fumantes realmente imaginam que a fumaça do cigarro não vai até dois metros adiante e que é impossível sentir o cheiro. Claro, quem fuma não sente o cheiro. Boa parte dos fumantes tenta fumar onde não deve até aparecer alguém que mande apagar.

Quando fumantes se juntam em algum grupo ousado, são capazes até de estabelecer fumódromos informais onde o cigarro é proibido. Em 5 de junho de 2006, o senador João Alberto Souza, do PMDB do Maranhão, resolve botar a boca no trombone.

"Não é compreensível nem aceitável que os ambientes do Senado Federal, uma das casas legislativas do país, continuem recintos de desprezo à mesma lei que discutiu e aprovou. Não se pode aceitar, portanto, que os corredores da Casa, locais de trânsito intenso de pessoas, continuem sendo fumódromos informais, por causa da fumaça dos cigarros que neles se consomem durante todas as horas do dia, em aberto desrespeito ao direito ao conforto e à saúde dos que fizeram a opção de não fumar. Requeiro, portanto, as providências legais cabíveis desta Casa para que essa questão seja disciplinada nos ambientes do Senado Federal."

Senadores e funcionários do Senado têm ótimo plano de saúde, meios de conseguir informação segura sobre os efeitos do cigarro e também de como tratar as conseqüências do tabagismo.

Fumar começa a se tornar questão social, fator de redução na qualidade de vida das populações menos educadas. Felizmente, a média de vida do brasileiro aumenta a cada década. Como a população vive mais, o país percebe melhor as consequências do cigarro.

O cardiologista Adib Jatene é testemunha da revolução nesse sentido. "Quando eu era menino, pessoa de 60 anos era velha. Hoje, você tem o [arquiteto Oscar] Niemeyer fazendo 100 anos em atividade. Hoje, há milhões de pessoas acima de 70 anos. Trato de doentes acima de 80, alguns com mais de 90. O avanço da tecnologia, da medicina, das imunizações aumentou muito a expectativa de vida da população. A melhoria das condições sociais também aumenta muito a expectativa de vida. Por exemplo: o jovem de 17 anos na África subsaariana tem chance de 7% de chegar a 65 anos. O jovem de 15 anos na Suécia tem chance de 94% de chegar a 65 anos. Qual é a diferença? São as condições sociais. Água, esgoto, alimentação, lazer e outros fatores". No contexto do Terceiro Mundo, o cigarro entra como única forma de prazer para muitas populações. "É onde os fabricantes de cigarro conseguem induzir as pessoas, porque o nível cultural é baixo, e o consumo aumenta".

Exatamente por isso, a pneumologista Vera Luiza da Costa e Silva considera as fotos nos maços, inovação do século XXI, marco da maior importância. "No Brasil a execução dessa iniciativa foi fantástica. As advertências nos maços de cigarro não obedecem a classe social; a distribuição geográfica atinge qualquer biboca do país com mensagens fortes e gratuitas para a população. O governo tem que pensar em colocar imagens e informação do outro lado do maço de cigarros, porque o pessoal, nos locais de venda, esconde as mensagens e as imagens".

As medidas tomadas na época pelo então ministro da Saúde José Serra se somaram ao processo de democratização de informações. "De toda forma, foi a universalização no país de informações muito diretas e muito claras. Acho que têm que ser usadas de forma ainda mais ágil, mais criativa, menos repetitiva. Avançamos este passo, agora temos que avançar outros mais", ela completa.

O consumo de cigarros no Brasil ainda movimenta bilhões. Mesmo que o percentual da população de fumantes tenha caído bastante, o país é populoso. O mercado do tamanho de 20% dos adultos brasileiros é muito maior que o mercado de 100% dos adultos de boa parte dos países do mundo. A indústria não deixa de tentar. Nos últimos tempos, conseguiu forma nova de fazer propaganda. Até o ex-deputado Elias Murad, o homem que dá nome à primeira lei contra a propaganda, foi agraciado com um exemplar: "Recebi recentemente revista patrocinada pela Souza Cruz. Coisa impressionante, papel cuchê de primeira, fotografias coloridas belíssimas, encadernação primorosa, tudo sendo fornecido a várias pessoas baseado na lei Rouanet. A lei Rouanet, de incentivo à cultura, do Ministério da Cultura. Mas é outro tipo de cultura que a Souza Cruz quer, evidentemente. Não é esta, é aquela ligada à cultura do tabaco. Então, esses fatos acontecem, e nós precisamos ficar muito atentos para que seja cumprida rigorosamente a legislação. Porque o Brasil hoje tem das melhores legislações do mundo na questão da prevenção do uso e da propaganda do tabaco".

É pura tentativa de reverter a cultura que começa a mexer com a parte mais sensível do ser humano, o bolso. Pesquisa feita pelo Grupo Catho, com 31 mil executivos brasileiros em 2006, mostra que fumante ganha menos no Brasil. As diferenças aumentam à medida que aumenta o nível hierárquico. Na época, a média salarial de presidente de empresa não fumante era R$ 21.849,00 enquanto a média salarial de presidente de empresa fumante era R$ 18.194,00. O percentual de fumantes caía junto com a hierarquia. Talvez seja sinal de que os mais jovens fumem menos...

Fumar virou raridade entre executivos brasileiros. Em 1997, 19,59% fumavam. Agora, quando o percentual de fumantes na população chega a este número, a fatia de executivos fumantes cai para 13,82%. Muito dessa redução se deve ao investimento que as empresas têm feito para que seus funcionários parem de fumar. Sai mais barato. Segundo empresa que faz esse tipo de trabalho nas organizações, a Viesanté, entre tempo de pausa para fumar, faltas e custos médicos, o fumante custa R$ 4.354,00 ao ano. A pesquisa do Grupo Catho não encontra explicação para o fato de os fumantes ganharem menos. A suspeita é que as empresas, mesmo sem saber exatamente dos dados sobre custos do tabagismo, recompensem inconscientemente quem não fuma pela maior produtividade.

Ainda há certa parcela de novos fumantes, mas o mercado do cigarro é sustentado pela grossa maioria que não consegue se livrar do vício, observa o governador José Serra. "A maioria dos fumantes hoje em dia quer largar. Muito poucos são os que não gostariam de largar. Se existisse algo do gênero 'Você toma esta pílula e não fumará mais', acho que a esmagadora maioria tomaria".

11
DEIXE O CIGARRO AQUI

DURANTE MUITOS ANOS, os médicos nem mencionavam as dificuldades para largar o cigarro. "É que ninguém tentava", explica o dr. Mirra. "Não se levantava esse problema, porque não havia nenhum programa de tratamento, nada. Se achava que era possível largar o cigarro, mas ninguém tentava, porque era norma fumar".

O dr. Marcos Moraes concorda. "Apesar do acúmulo de conhecimentos sobre a capacidade da nicotina de causar dependência, durante muito tempo o ato de fumar continuou a ser entendido como livre escolha e que só deixava de fumar quem queria. Durante muito tempo, se esperava que os fumantes tivessem força de vontade e deixassem de fumar por conta própria, principalmente quando contraíam doenças tabaco-relacionadas. Hoje, a realidade mudou bastante, pois há amplo reconhecimento do tabagismo como doença e muitas propostas de tratamento psicoterápico e medicamentoso, inclusive em implantação no SUS".

Se houve o tempo em que fumar dava *status*, também parar de fumar já foi coisa de rico. De certo modo, ainda é. Muita gente quer deixar o cigarro, mas as vagas do SUS são minguadas. O primeiro centro de tratamento de cessação de tabaco reconhecido e credenciado pelo Sistema Único de Saúde foi o Ambulatório de Tratamento do Tabagismo do InCor, em São Paulo.

O trabalho começou com a cardiologista Jaqueline Scholz Issa, que mirava primeiro os funcionários do hospital, lembra o ex-diretor José Manoel de Camargo Teixeira: "Esses funcionários não conseguiriam deixar de fumar se não tivessem orientação. Começamos a montar cursos e programas de apoio aos funcionários para eles deixarem de fumar. Era difícil, mas fizemos os ambulatórios de apoio ao pessoal e, naquela época, começaram a surgir alguns medicamentos, ainda muito experimentais, para o apoio ao paciente que estava deixando de fumar. A Jaqueline começou a trabalhar muito nessa época, nesse programa".

Havia também médicos pneumologistas, pessoal da psicologia para dar suporte. Muitos funcionários toparam. "Progressivamente, devido ao programa para funcionários, começamos a incluir também pacientes do InCor. Logo montamos o Ambulatório de Tratamento do Tabagismo do InCor".

O trabalho é difícil, porque largar o cigarro é maratona incômoda. Adib Jatene sabe, pela experiência, que nem o melhor tratamento do mundo de hoje será eficiente na maioria dos casos. "É difícil fazer parar, porque, mesmo com remédio, mesmo com psiquiatra, mesmo com tudo, você não consegue mais de 40% a 50% de abandono.

Porque é vício como qualquer outro. É como cocaína, heroína, *crack*; fumar é vício."

"O senhor tem paciente que não consegue deixar?"

"Muitos. O sujeito sabe que deve deixar, mas não consegue. Tanto que no consultório não proíbo ninguém. Digo: 'Você sabe que não faz bem, você sabe que faz mal, você precisa encontrar o seu mecanismo, tem remédio para ajudar, tem muita coisa, tem grupo de psicólogos, você pode ir lá que eles te ajudam'. Mas, se não houver determinação da pessoa de deixar, não adianta. O cigarro acaba sendo prazeroso, calmante. Quer dizer, traz benefícios para as pessoas, mas os malefícios são maiores, são cumulativos. Ver o doente com enfisema em fase final é pura tragédia, ele não consegue respirar, é terrível. Câncer de pulmão, câncer de bexiga... Mas o que é que tem a ver o câncer de bexiga com cigarro? O pulmão, ok, a fumaça e tal. Mas e o câncer de bexiga? As substâncias cancerígenas que o indivíduo absorve são eliminadas pela urina. Aquela urina fica rodando na bexiga, podendo provocar o surgimento de câncer de bexiga".

Quem deixa o cigarro geralmente sabe. Mesmo quem não é de São Paulo deve ter ouvido o cardiologista explicar o mecanismo em entrevistas dadas à imprensa durante a doença do governador paulista Mário Covas. Cada remédio novo alvoroça os fumantes, que sonham, sim, com a pílula mágica que impeça aquele turbilhão de emoções desencontradas e sensações extremamente irritantes que acompanham a privação do cigarro. No ambulatório do InCor, tudo é explicado em linguagem que atinge todos os níveis educacionais. "A pílula ajuda, mas quem larga o cigarro é o fumante. É fundamental saber disso", diz o médico Marcos de Morais. "Na verdade, a entrada da indústria farmacêutica tem ajudado nesse processo. Hoje, temos vários medicamentos que ajudam a deixar de fumar. Mas precisamos ter cuidado para não sucumbir à pressão da indústria e medicalizar o processo de cessação do tabagismo. Não podemos passar a idéia de que existe a pílula mágica para deixar de fumar. Precisamos entender que deixar de fumar é processo e tem como eixo central a abordagem cognitivo-comportamental. O medicamento é importante, mas tem papel restrito, que é o de suprimir os sintomas da síndrome de abstinência para os fumantes com elevado grau de dependência".

Diretor executivo do InCor até o primeiro semestre de 2008, o infectologista David Uip adora dizer às pessoas por que elas devem parar de fumar e como há maneiras de tornar isso mais fácil. "Acho que você não pára de fumar só com o remédio. A coisa é multidisciplinar e multiprofissional, que envolve o aparato da psicologia, às vezes até da psiquiatria, envolve o cardiologista, o pneumologista, muitos profissionais. Antigamente, era na conversa. Garanto para você que fui absolutamente mal-sucedido nessa época".

"Como é que o senhor faz com seus pacientes que precisam parar de fumar? Como aconselha, na prática?"

"Eu encaminho. Hoje em dia, admito minha incompetência e encaminho para a Jaqueline, [no Ambulatório de Tratamento do Tabagismo do InCor]. Todos que posso, encaminho, porque entendo que precisa ter todo aquele aparato, maior que a consulta de consultório".

A consulta é importantíssima, mas o Ambulatório dispõe de toda a metodologia, fruto de anos de pesquisa. Jaqueline Scholz Issa concluiu 16 protocolos de pesquisa, publicou 20 artigos científicos no Brasil e cinco no exterior, apresentou 24 trabalhos em congressos nacionais e 34 em congressos internacionais. O Ambulatório de Tabagismo do InCor tem metodologia seguida por várias outras instituições.

Tudo começou timidamente, com o que estava disponível na década de 1990, lembra José Manoel de Camargo Teixeira. "Fazíamos aqueles tipo de grupos do AA, os Alcoólicos Anônimos. Também havia reuniões em grupo com as pessoas que fumavam, mas não foi simples. O processo é muito demorado, idas e vindas..."

Muita coisa evoluiu nos últimos 15 anos. Estamos na terceira geração de remédios para combater o tabagismo. Nenhum tem 100% de eficácia. Ainda não foi encontrada a pílula capaz de acabar com o vício, apesar dos milhões investidos em pesquisa. É muito importante ressaltar que a indústria farmacêutica entrou na história depois, não foi a vitoriosa numa briga de gigantes com a indústria do tabaco.

Jaqueline Scholz Issa, a doutora Jaque, tem talento para convencer alguém a pelo menos tentar parar de fumar. Antônio Pedro Mirra queria parceria desde que conheceu o trabalho da médica. "Numa dessas reuniões da AMB, Jaqueline foi convocada. Ficamos sabendo do trabalho que fazia e procuramos ajudar. Sou responsável pela comissão da AMB e uma das metas é criar parcerias. Não cabe mais trabalhar cada um em sua faixa própria. É perder tempo, gastar dinheiro e ter resultados menores do que quando você pode juntar".

Dizem que a medicina logo deixará de ser a ciência que leva ao estrelato quem tem talento para consertar ou minimizar estragos, pois a palavra da vez é prevenção. Nesse sentido, os planos do InCor são de ampliar o trabalho do Ambulatório de Tratamento do Tabagismo. "Jaqueline faz trabalho fantástico há muitos anos, trabalho de muita competência. Nós estamos querendo ampliar o trabalho dela, para que tenha todos os outros quesitos de prevenção. Foi essa a idéia aprovada pelo Conselho Diretor do InCor. Nós vamos ter um setor só para isso", diz David Uip.

O médico acredita que a medicina está prestes a mudar de enfoque, tornando-se muito mais voltado para a saúde do que para a doença. Prevê que os procedimentos mais caros ficarão restritos a uns poucos casos mais graves, e o investimento principal será centrado em prevenir doenças mais delicadas, sempre que for possível. Falando da cardiologia, ele especifica: "Essa história toda está sendo totalmente recontada. Hoje, primeiro você tem que trabalhar muito com prevenção. Depois, aquilo que era usado para diagnóstico – o cateterismo – está ocupando as vezes da cirurgia em muitos casos, ficando a cirurgia para os casos mais graves. A tendência futura é trabalhar muito fortemente com prevenção; depois, a parte de diagnóstico vai ser por imagens, com ultrassom, tomografia; e enfim a terapêutica".

Uip ressalva: "Claro que vai ter cirurgia, mas cada vez vai ficar mais ampliada a parte de tratamento com cateterismo, que tem inúmeras vantagens. Primeiro, é menos invasivo; depois, o custo é muito menor. Agora, do ponto de vista de definição, de missão, o InCor tem que trabalhar com prevenção por todos os motivos, inclusive custos".

60 SUBSTÂNCIAS CANCERÍGENAS

O CIGARRO MUDA a química do cérebro. Sensações de prazer, conforto, bem estar, diminuição da ansiedade, aumento da concentração, diminuição da fome – tudo depende de reações químicas, que se processam nos receptores cerebrais. Eles é que são os dependentes de nicotina, só funcionam com ela a partir do momento em que ela entra em jogo. Rejeitam o que os ativava antes, a acetil-colina. Significa que o fumante só vai sentir o mesmo prazer de antes se acender o próximo cigarro.

Primeiro, começa a ficar só mais fácil, espécie de condicionamento. Logo começam a sumir as sensações confortáveis que o corpo produz sozinho, e elas só voltam a cada tragada e mais fortes. Começar a fumar pode envolver efeitos iniciais, como enjôos e náuseas, que o fumante supera em pouco tempo. O processo que vai das primeiras baforadas à obrigação de carregar o maço e o isqueiro é rápido, poucos fumantes se dão conta de que não conseguem mais viver sem isso.

O grau de dependência é variável, mas quem consome mais de 15 cigarros ao dia geralmente entra na classificação de grande dependente de nicotina. Fumar pouco, meta de muitos fumantes, é praticamente impossível. A tendência é que o consumo aumente progressivamente e se estabilize em determinado momento por circunstâncias alheias à vontade do fumante. Cortar essa rotina causa sensações desagradáveis. Muitos fumantes ficam ansiosos e irritados só de saber que vão ter de ficar sem fumar por algumas horas. A sensação piora minuto a minuto até que vem a vontade incontrolável de fumar. É a síndrome de abstinência.

Sustentar a roda-viva de abastecer o cérebro com substâncias químicas via cigarro significa destruir o corpo todo. O problema nem é a nicotina, são as mais de 4 mil substâncias que compõem o produto, pelo menos 60 delas cancerígenas. A fumaça do cigarro não é feita de poesia, mas de cianeto de hidrogênio, utilizado nas câmaras de gás do nazismo; arsênico, o veneno contra formigas; o inseticida DDT; naftaleno, usado para fazer bolinhas de naftalina para afastar baratas, entre outras coisas. Não precisa ser cientista para perceber os males que isso pode causar.

Nos últimos 50 anos, mais de 70 mil pesquisas comprovaram que fumantes têm mais risco de desenvolver doenças cardiovasculares, respiratórias e vários tipos de câncer. Mas o fumante não percebe com clareza. As doenças relacionadas ao cigarro demoram até 20 anos para aparecer. Antes aparecem alguns sinais incômodos, mas sem gravidade imediata.

Além de causar câncer, o cigarro facilita o desenvolvimento de doenças cardiovasculares. Fumantes aumentam seu risco de infarto, morte súbita, aneurisma da aorta, impotência e problemas circulatórios chamados no conjunto de "doença vascular periférica". Os efeitos cumulativos de fumar alteram todo o processo circulatório. O mais notório é a diminuição do calibre das artérias coronárias. Mas fumar também aumenta a capacidade de coagulação do sangue, já que eleva os níveis dos chamados 'marcadores inflamatórios", como a proteína C-reativa, o fibrinogênio e moléculas de adesão intercelular solúveis. Além disso, é facilitada a agregação de plaquetas. Quer dizer que o aumento de coagulação chega ao ponto de facilitar tromboses. O cigarro também reduz os níveis de HDL-c, o colesterol bom, e aumenta a oxidação da LDL-c, o colesterol ruim, contribuindo para a progressão da arterosclerose. Todos esses fatores – e especialmente a combinação deles – dificultam o funcionamento do coração.

Fumar aumenta em 6 vezes o risco de infarto para mulheres jovens e, infelizmente, poucas são avisadas de que a mistura de cigarro com pílula anticoncepcional é bomba relógio, aumentando em 39 vezes o risco de infartar. Outro efeito colateral é a perda da fertilidade, tanto para homens quanto para mulheres. Quando a mulher fumante engravida, tudo é mais difícil – aumenta o risco de aborto espontâneo, parto prematuro e nascimento de criança com baixo peso.

Existem dois momentos para parar de fumar: antes e depois de ficar doente. A desculpa preferida para empurrar com a barriga é a inutilidade do sacrifício. Os danos causados pelo cigarro seriam tantos que de nada adiantaria parar depois de anos de consumo. Mas isso não é verdade. Quem consegue parar de fumar antes dos 35 anos de idade tem a possibilidade de praticamente anular a fase fumante do histórico de saúde. Em idade mais avançada, a probabilidade de adoecer será muito semelhante àquela de quem nunca fumou na vida.

Os efeitos benéficos começam a aparecer imediatamente após o último cigarro. Em 20 ou 30 minutos, a pressão arterial, a pulsação e a temperatura do corpo voltam a níveis normais. Em 2 horas, não há mais nicotina circulando no sangue. Em 8 horas, o nível de oxigênio no sangue volta ao normal. Passados dois ou três dias, vai embora a tosse típica do fumante e começam a voltar o olfato e o paladar. A capacidade física aumenta, a pessoa fica mais disposta e se inicia um processo de aumento da auto-estima.

Seis meses depois do último cigarro, vão embora as infecções respiratórias sem muita gravidade. Também é possível perceber melhora na circulação do sangue. Em um ano, cai pela metade o risco de morte decorrente de doenças cardiovasculares.

Passados cinco anos sem cigarro, o risco de ter um acidente vascular cerebral (AVC) é o mesmo de pessoa que nunca fumou.

Dos mortos de câncer de pulmão, 90% eram fumantes. Dez anos sem cigarro significa reduzir pela metade o risco de desenvolver câncer de pulmão. Durante esse período, pessoas que tinham células pré-cancerosas podem voltar a ter células normais. Em vinte anos, o risco de desenvolver outros tipos de câncer chega muito próximo do nível de quem nunca fumou. Em 16 anos sem cigarro se reduz pela metade o risco de morte por todas as doenças relacionadas ao vício. Os benefícios são muito mais evidentes para quem consegue parar antes de adoecer.

Apesar de todos os avanços da medicina, não se pode dizer que é fácil parar de fumar e evitar as recaídas. De qualquer forma, já existe muita experiência acumulada na área – descobertas que começam antes do desenvolvimento de medicamentos específicos pela indústria farmacêutica. O caminho se torna mais suave se for bem planejado, e o ideal é tornar o processo de deixar o cigarro o menos estressante possível.

Dos fumantes internados devido a algum problema cardiovascular, metade larga o cigarro por conta própria. Estão muito motivados, e o fato de ser proibido fumar no hospital ajuda muito. Mas pesquisa feita pelo InCor mostra que metade tem recaída em até 6 meses. Os depressivos têm mais probabilidade de sucumbir, e a principal causa é a síndrome de abstinência.

Todos, absolutamente todos, aconselham e tentam influenciar o fumante a se separar do cigarro. Mas a decisão é intransferível. Quem fuma deve se questionar de maneira sincera e responder sem rodeios à pergunta central: eu quero parar de fumar?. Quando a resposta realmente é positiva, vale a pena enumerar os prós e contras do tabagismo antes de partir para a ação. A descrição sincera, que não precisa ser compartilhada com ninguém, pode ser apoio muito útil em momentos críticos. Não se trata de nada muito complicado, mas de quadrinhos simples, no papel, com anotações dizendo o que há de bom e de ruim em fumar. E o que há de bom e de ruim em parar de fumar. É interessante marcar no mesmo papel, com destaque, o motivo principal para fazer isso.

FUMANTE, QUEM É VOCÊ?

DIZEM POR AÍ que fumante é tudo igual. Mas há vários tipos de comportamentos ligados ao cigarro. Determinar o tipo predominante de vínculo é importante para saber driblar a vontade de fumar. Também é comum que o tipo de necessidade sentida pelo fumante seja diferente ao longo do dia. O que move alguém a acender o primeiro cigarro pela manhã pode ser sentimento muito diferente daquele que motiva o cigarro depois do almoço, acompanhado de café. São cinco as variações.

Tipo 1: Cigarro x Prazer

A pessoa gosta de fumar e busca o cigarro para para obter prazer ou para ampliar sensações de prazer. O fumante sente necessidade de acender o cigarro quando está confortável e relaxado. Por exemplo, depois da refeição, quando toma cafezinho, ao assistir televisão ou junto com bebida alcoólica. Não é tão difícil parar de fumar nessas situações. Ciente de que está fumando para obter prazer, o fumante pode fazer a troca. Obter prazer da mesma maneira, só que com algo que não faça tanto mal quanto o cigarro. Algumas pessoas se viram bem com balinhas, chicletes ou líquidos. No início do tratamento, a goma de nicotina se encaixa perfeitamente nessas situações.

Tipo 2: Cigarro x Mãos

O importante é o ritual. Faz parte do prazer abrir o maço, retirar o cigarro, manipular, acender, observar a chama do isqueiro ou do fósforo, observar a fumaça. O fumante resolve acender o cigarro quando não sabe exatamente o que fazer com as mãos. Segurar o cigarro aceso passa a ser hábito tanto quanto fumar. É variável o grau de dificuldade para largar cigarros fumados por esse motivo, mas é boa idéia começar a fazer trabalhos manuais. Também ajuda ter à mão aquela bolinha macia, geralmente utilizada em fisioterapia, ou outro objeto que possa ser manipulado. Há no mercado diversos tipos de materiais para tal fim.

Tipo 3: Cigarro x Hábito

É o famoso "piloto automático", que todo fumante conhece. Todas as vezes que passa por determinada situação, a pessoa acende o cigarro. Às vezes, só percebe que recorreu ao maço quando está com o cigarro aceso na mão. Não é raro deixa-lo abandonado pela metade no cinzeiro. Não é tão fácil, mas é possível iniciar o processo em que acender o cigarro deixe de ser automático para ser ato de vontade. Primeiro, é necessário identificar claramente quando se vai acender o cigarro. Para quem não fuma, parece estranho, mas o fumante pode fumar vários cigarros sem realmente se dar conta.Depois de perceber cada vez que acende o cigarro, é hora de perguntar se é realmente necessário fumar naquele momento ou se é possível abrir mão daquele cigarro.

Tipo 4: Cigarro x Estímulo

Fumar serve para ampliar a sensação de estímulo ao iniciar alguma tarefa. Aumenta a motivação e a concentração, melhorando o rendimento profissional e intelectual. O fumante se sente desmotivado, desanimado ou sobrecarregado ao iniciar novas tarefas, sobretudo as profissionais. Por isso, quando está começando algo novo durante o dia, sente vontade de fumar. Não acender esse cigarro pode dificultar muito a concentração, diminuir a atenção e dar margem a pequenas falhas de memória, que atrasam o trabalho.

Cada fumante desenvolve alguma tática pessoal para lidar com essa situação, que é muito difícil. Mas quem é tratado com medicamentos para parar de fumar da maneira correta e com acompanhamento médico muito raramente vai apresentar esses sintomas. Se eles surgem, são muito reduzidos na comparação com alguém que fica sem cigarro, mas não tem apoio dos remédios.

Tipo 5: Cigarro x Males da alma

O fumante busca no cigarro a cura para aquilo que é difícil de superar, como nervoso, preocupação, tensão, ansiedade, tristeza. O cigarro é o companheiro, a muleta contra todos os sentimentos desagradáveis e desconfortáveis. Como o cigarro tem efeito dopaminérgico, basta acender um para aplacar a enorme gama de sensações das quais o fumante quer escapar o mais rápido possível.

Desenvolver a capacidade de suportar as dores do dia-a-dia sem recorrer ao cigarro é processo muito difícil, mas factível. Não é possível driblar esses sentimentos à medida que eles são provocados, como se faz com o cigarro. É preciso fazer com que o corpo torne a mente menos suscetível ao sofrimento que eles trazem. Atividade física de esforço baixo a moderado com freqüência mínima de 4 vezes por semana é boa tática para blindar o corpo contra o estresse. Caminhar, nadar, andar de bicicleta, jogar boliche, fazer artes marciais, curso de dança e outras atividades do tipo levam o corpo a produzir substâncias que aumentam a sensação de prazer.

Em alguns casos, a tática é muito efetiva; em outros, é necessário ajuda a mais. Se for esse o caso, o médico geralmente encaminha o fumante para apoio psicológico. Há casos em que o consumo de nicotina mascara problemas antigos.

TIRE O DEDO DO GATILHO

TODO FUMANTE SABE enumerar situações específicas em que, por alguma razão absolutamente pessoal, precisa acender o cigarro. Pode ser tomar café e fumar, fumar depois das refeições, fumar tomando bebida alcoólica, fumar dirigindo, fumar falando ao telefone, fumar lendo jornal, fumar vendo televisão, fumar no banheiro, fumar após relação sexual, fumar para começar a trabalhar, fumar para passar o nervoso, fumar para diminuir a ansiedade ou fumar porque não tem absolutamente nada mais interessante para fazer no momento.

Difícil algum fumante que tenha memória de passar por evento desse tipo sem procurar cigarro para acender. É o tipo de condicionamento desencadeado por velhos hábitos de vida que determinam desejo de fumar. São chamados "gatilhos". Cada pessoa tem os seus, alguns facílimos de identificar e outros surpreendentes, mesmo depois de anos de condicionamento. Parar de fumar passa necessariamente por não disparar esses gatilhos.

Primeiro, os gatilhos precisam ser conhecidos um por um; não podem mais ser inconscientes. Assim, é possível elaborar a estratégia para saber o que fazer nesses momentos em substituição ao cigarro. O recurso mais efetivo é a distração. Quanto mais se pensa em brigar contra a vontade de fumar, mais intensa ela se torna, mais aumenta a irritação, e a situação acaba fugindo ao controle. O único jeito de se livrar da vontade de fumar é fugir dela. Ao lembrar do cigarro, principalmente durante os gatilhos, o melhor é sair do ambiente, mudar a rotina, pensar em outra coisa, iniciar outra atividade.

Fazer no improviso é difícil. O melhor é planejar antes, começando pela identificação precisa dos gatilhos e da necessidade real de cada cigarro fumado ao longo do dia. Quando o fumante tenta puxar pela memória, geralmente pula vários cigarros – os automáticos passam despercebidos. É interessante durante alguns dias preencher uma tabela, anotando todos os cigarros fumados. Parece cansativo, mas é simples e tem ótima relação custo/benefício. Basta colocar o número do cigarro, na seqüência, com o horário, o que se estava fazendo e sentindo e o número da escala, de 1 a 3: 1 é muita vontade de fumar, 2 é vontade moderada e 3 é vontade mínima.

Depois de dois ou três dias de tabela, poucos cigarros serão atípicos; a esmagadora maioria coincide diariamente, mesmo que o fumante não perceba. No balanço, é fácil contabilizar que tipo de atividade ou de sentimento dispara imediatamente a vontade de acender o cigarro. O próximo passo é desenvolver estratégias de enfrentamento dos gatilhos. Atitudes simples podem desviar o pensamento da vontade de fumar.

O gatilho ansiedade é disparado, por exemplo, quando há grande quantidade de trabalho a finalizar em pouco tempo. Deixar garrafa de água sobre a mesa e beber constantemente é estratégia de alívio. Outra é ocupar as mãos. Lápis ou caneta servem para a tarefa e ainda podem ajudar em rápido planejamento de atividades.

Situação mais difícil de enfrentar é a festa com bebida alcoólica. Se, antes mesmo de chegar lá, o fumante achar que vai ser penoso demais, melhor é desistir. Não vai ser a última festa do mundo e quem está há mais tempo sem fumar consegue ficar no ambiente da festa e até consumir bebida alcoólica sem se sentir ameaçado ou à beira de recaída o tempo todo.

Fumar após as refeições é gatilho comum da maioria dos fumantes. Ficar à mesa brigando com essa idéia não funciona muito bem, só causa tensão. O ideal é sair da mesa o quanto antes e escovar os dentes ou mastigar alguma coisa ardida, como bala ou cravo.

Há vários outros gatilhos, que variam individualmente. É boa idéia apresentar todos para o médico e discutir alternativas factíveis para lidar com os momentos mais críticos. Tudo funciona melhor se a data para largar o cigarro for bem escolhida. Momentos de menor estresse são obviamente os melhores. Nunca é demais lembrar que consulta médica faz parte do tratamento e remédio não faz milagre. O médico pode ajudar em situações específicas com alta probabilidade de recaída.

Um dia sem fumar é vitória absoluta para boa parte dos fumantes. Infelizmente, a vontade de fumar não some no primeiro dia. As 12 primeiras semanas, ou seja, os primeiros quatro meses sem cigarro são fase propícia para recaídas. Pode ser difícil imaginar como quem enfrentou os primeiros dias sem fumar põe tudo a perder. Pode acontecer por sintomas de abstinência, ansiedade, perda da motivação para parar de fumar ou até por descuido.

Geralmente antes, no terceiro mês de tratamento, os remédios são suspensos e o paciente deve ficar atento ao seu estado emocional. Antes da recaída, os sintomas mais comuns são sentir-se triste, incompleto, sozinho, irritado. Apresentar alterações no sono, dificuldade de concentração, angústia ou ganho excessivo de peso. É necessário identificar principalmente o grau de ansiedade e a presença de humor depressivo. Pode existir motivo real, mas os sentimentos também podem ser provocados ou turbinados pela falta de nicotina ou pelo corte do medicamento e apoio.

Nesses casos, não há solução caseira. É preciso avisar o médico, de preferência antes da recaída. A solução pode ser a reintrodução temporária de medicamentos utilizados antes ou o uso de medicamentos antidepressivos. Os maiores perigos de recaída estão em casos imprevistos de estresse agudo, como perda de ente querido, velório, doença grave na família ou problemas financeiros. É muito difícil aconselhar alguém nessas situações, mas há ex-fumantes que conseguem controlar o impulso.

Manter sempre à mão gomas de nicotina pode ser boa solução. É medicação perfeita para emergências, mesmo que a pessoa tenha parado de fumar há meses. Tudo vale a pena para evitar a recaída. Mascar goma de nicotina depois de meses sem a substância no corpo pode não ser o melhor cenário, mas é melhor que acender o cigarro.

A única situação perfeitamente evitável é aquela de dar "só uma tragadinha". Alguns fumantes acham que estão há tantos dias sem fumar que a tragadinha não vai fazer mal. Mas fumante é como alcoólatra, não pode ter contato com a substância na qual é viciado. A única tragadinha não vai ser única. Vai ser seguida de um cigarrinho, um maço e, quando a pessoa se der conta, todo seu esforço foi pelo ralo.

Parar de fumar, na maioria dos casos, é sucessão de refrões do grande compositor Paulo Vanzolini. Reconhece a queda e não desanima. Levanta, sacode a poeira e dá a volta por cima. O tropeço de hoje é o aprendizado de amanhã. A maioria dos ex-fumantes conta a tentativa de sucesso. Mas, antes dessa, vieram várias outras, que deram errado por inúmeros motivos. Esses erros serão evitados em tentativas futuras, o que aumenta a chance de vencer a guerra contra o vício.

Toda recaída traz sensação de frustração, derrota ou angústia. Ou as três coisas juntas. O importante é não utilizar justamente o cigarro para desabafar esse turbilhão de sentimentos. Contar o que acontece para alguém e fugir da solidão e da vergonha de ter recaído pode ser boa saída para interromper o processo o mais cedo possível. Mas nem toda recaída é daquelas dramáticas. Não é necessário deixar a situação chegar ao ponto de comprar cigarro outra vez. Em boa parte das vezes, é possível corrigir o rumo do tratamento antes que o cigarro volte a fazer parte da vida da pessoa.

Mas, se até isso acontecer, o importante é sempre dar a volta por cima. Recomeçar, nesse caso, não significa exatamente voltar à estaca zero. A próxima tentativa, vai ser menos difícil. Municiada pela experiência passada, a pessoa tem a possibilidade de perceber antes os possíveis tropeços.

12
O CIGARRO E EU: DEPOIMENTOS

É IMPOSSÍVEL FALAR sobre cigarro sem ouvir depoimentos pessoais. Pode ser o simples "eu tento largar, mas não consigo" ou histórias de dores da dependência, de delícias da liberdade. Técnicas infalíveis que funcionam para só aquela pessoa. Marcas tristes na alma, deixadas pelas saudades de alguém que o cigarro levou. As pessoas falam abertamente sobre o assunto, com ar de quem luta por algo maior. Não há vergonha em admitir a dependência nem em partilhar desventuras. Talvez isso faça parte do passado.

Em quase todas as entrevistas feitas para este livro, houve o momento de troca de experiências. Jaqueline Scholz Issa mal percebe quando acontece, pois vive de ouvir histórias sobre cigarro e tentar fazer com que não tenham final trágico. Mas é curioso que muitas das grandes autoridades no assunto admitam que fumaram, que foi difícil deixar, que gostavam de cigarro, que toleravam cigarro em casa, que sofriam seus efeitos.

O Congresso Nacional teve papel importante na popularização dessas discussões. Alguns parlamentares resolveram levar experiências pessoais, histórias de amigos e da família ao espaço nobre da tribuna do Legislativo. Na frente de todos os colegas, faziam discursos que viraram documentos públicos do Brasil. O ambiente parece formal demais e distante demais da população, mas a verdade é que a tribuna parlamentar reverbera os gritos da sociedade. Não atende a todos os pedidos de socorro, mas está em dia com o que todo mundo comenta nas ruas.

LAURO CAMPOS

NASCIDO EM 1928, Lauro Campos não era apenas político, foi símbolo da esquerda brasileira. Exerce mandato único de senador (1995-2003), eleito pelo PT do Distrito Federal. Em briga com o presidente de honra do partido, Luiz Inácio Lula da Silva, mudou-se para o PDT de Leonel Brizola. Ainda assim, recebeu várias homenagens póstumas de integrantes do Partido dos Trabalhadores.

Economista formado no Brasil e na Itália, foi professor em universidades brasileiras e estrangeiras, especialista em economia com visão crítica da sociedade. Idealizou o curso de Relações Internacionais da Universidade de Brasília (UnB). Nadava de braçada pelo mar das palavras, brincava com elas em poemas irreverentes e musicais, feitos num som de mantra e com conteúdo próprio para arrancar gargalhadas. Encaixava a linguagem provocativa das ruas dentro de pensamentos elaborados. Chegou a ser chamado em poesia de "anjo ateu". Era capaz de poemas tocantes e de quadrinhas interessantíssimas.

> *FHC mandou reduzir nosso salário*
> *mandou pagar pra gente um salário de otário*
> *Salário de otário! Salário de otário!*
> *E ainda dizem que o salário é que é inflacionário.*

Morreu em janeiro de 2003 no Instituto do Coração de São Paulo aos 74 anos, vítima de infarto agudo do miocárdio. O coração era problema antigo, que o perseguia desde o exílio nos tempos da ditadura militar. Contava que parou de fumar para viver mais alguns anos. Se orgulhava de ter conseguido.

Em 9 de fevereiro de 2001, foi votada no Congresso Nacional mais outra lei do emaranhado normativo sobre cigarro. Esta era para proibir propaganda em locais públicos, fechando brechas da Medida Provisória de 2000, que, por sua vez, fechava brechas da Lei Murad. Lauro Campos era oposição a Fernando Henrique. Calou na hora da votação. Depois, quando sobe à tribuna para falar da economia dos Estados Unidos, não se agüenta. Deixa um registro histórico.

"Fiquei calado e peço desculpas a todos os meus parentes, ao meu pai e a quatro tios, que morreram de enfisema devido ao cigarro. Eu escapei, e os médicos que viram o meu coração e que examinaram o meu organismo foram unânimes em dizer que eu já teria morrido há 12 anos se não tivesse parado de fumar, como fiz, em 1976.

Entre outros argumentos, ouvi um colega nosso dizendo que deixar de fumar é uma brincadeira, já que o fumo não é vício, e que ele havia deixado de fumar sem o menor sacrifício. Não é verdade. Sou testemunha ocular dessa história. Fui vítima do cigarro. Meu pai morreu com enfisema devido ao cigarro e quatro irmãos dele também tiveram o mesmo destino pela mesma causa. O cigarro mata.

Assim, sabendo que um dia talvez fosse parar de fumar, fui estudando a maneira pela qual poderia me livrar desse vício infernal, letal, mortal, que é o tabagismo. Cheguei a fumar dois, três maços de cigarro por dia.

Lembro-me de que um dos meus tios, que teve um câncer em seu pulmão devido ao cigarro, dizia que nem pensava em deixar de fumar. Ele dizia que era fiel, tinha hombridade, dignidade, e por isso não ia deixar de fazer algo que fizera a vida inteira: fumar. Ou seja, ia continuar fumando por coerência. Como não tenho essa coerência, sofri como pé de cego para deixar de fumar e com isso ter uma sobrevida de pelo menos

12 anos. Sobrevivi 12 anos porque parei de fumar em 1976, quando me encontrava na Inglaterra, na tranqüilidade inglesa, fugido das ameaças que me faziam neste país.

Naquele país, desenvolvi um método para deixar de fumar. Já havia percebido que, quando eu ia à Pousada do Rio Quente, naquela tranqüilidade morna e gostosa, em vez de dois maços por dia, eu fumava, sem perceber, sem fazer força, apenas dois cigarros por dia. E dizia, brincando, que morto não fuma, que quem está dormindo também não fuma. Então, para deixar de fumar, eu tinha que me aproximar da tranqüilidade, da calma que temos quando estamos dormindo – e não fumamos nessa ocasião, pois quem tentou fumar na cama acabou queimando o colchão. O que percebemos é que quanto mais tranqüilidade, quanto menos agitação, menos impulso a nossa cultura nos fornece para fumar.

Os índios fumam, mas o fumo para eles é um ritual. Eles têm uma preparação longa do fumo e usam-no, por exemplo, no "cachimbo da paz", um cerimonial que ocorre de vez em quando. O capitalismo transformou o cigarro numa mercadoria e quer empurrá-lo, por meio da propaganda, no pobre do consumidor, consumido por tantas coisas, inclusive pelo fumo. Agora, trazemos o veneno no bolso das roupas. O fumo foi transformado em veneno. Sua origem vem dos índios americanos, que o utilizavam em seus cerimoniais. E nós estamos, compulsivamente, neuroticamente, a todo momento, acendendo um cigarro.

Então, o conselho que dou àqueles que querem deixar de fumar é seguir o meu exemplo. Fumando dois ou três maços de cigarro por dia, consegui livrar-me completamente do vício. Desde uma sexta-feira de 1976, minha mulher sabe o dia, nunca mais fumei cigarro algum na minha vida.

Na segunda-feira seguinte, estava indo para a universidade e minha esposa me pediu que fosse com ela fazer umas compras no supermercado. Quando a ajudava a encher o carrinho, senti uma tontura. Por que essa tontura? Porque, desde a sexta-feira, eu estava oxigenando demais o meu organismo, já que não estava fumando. Eu sabia que, se fumasse naquele momento, a minha tontura iria passar, mas o meu vício estaria presente. Voltei para casa e me deitei. Apliquei em mim uma auto-hipnose, para que a tranqüilidade, a passividade, a paz atuassem sobre o meu impulso, o meu vício de fumar sem parar.

E deixei de fumar tomando café, para não fumar depois do café, que é um momento em que o capeta atenta, o diabo está ali dando-nos vontade de fumar. De vez em quando, eu passava em um pub para tomar um copo daquela cerveja quente da Inglaterra, para não fumar depois da cerveja. Assim, se um dia eu tomasse café ou cerveja, não cairia na tentação e não retornaria ao vício. É preciso deixar de fumar depois do café e depois da cerveja. E deve-se recorrer à auto-hipnose, à sedação.

Durante dois meses, senti uma dor horrorosa no braço e aqui do lado esquerdo. E as palavras não saíam. Eu era professor, tinha que dar aula, e as palavras não saíam. A angústia era fantástica, e o tremor nas mãos me impedia até de ler e de escrever.

Aqueles que deixam de fumar brincando, dizendo que não é um vício, é porque, de acordo com o meu tio, eles não têm caráter, não fumaram realmente, não foram fiéis ao cigarro durante muito tempo, talvez não tenham nem tragado. De modo que eu não poderia ficar em silêncio sobre este projeto que veio do Executivo, porque estaria desrespeitando a memória dos meus parentes, heróis anônimos, fuzilados pelo cigarro, queimados pelo cigarro e com o cigarro. É um dos piores vícios que a humanidade desenvolveu e é impulsionado, obviamente, pela propaganda e pela publicidade."

NILTON TRAVESSO

PENSE EM PROGRAMAS DE TELEVISÃO. Um. Dois. Três. Pronto, você já pensou em alguma coisa assinada por Nilton Travesso. Hoje se dedica ao *Saia Justa*, programa entre os preferidos das mulheres (e dos homens, que dizem assistir só para falar mal), no canal a cabo GNT. Participou da fundação da TV Record em 1953, onde ajudou a encontrar uma linguagem para a televisão que não fosse filmagem do rádio. Agora, é cibernético. Como diretor da Jovem Pan Online, tenta encontrar a linguagem de internet que não seja televisão no computador.

Durante os 21 anos na Record, dirigiu o *Teatro Cacilda Becker*, várias novelas, o *Programa Silveira Sampaio*, os primeiros passos de Jô Soares e *shows* inesquecíveis, como os de Marlene Dietrich, Charles Aznavour, Nat King Cole, Louis Armstrong, além do espetáculo do Ballet de Maurice Béjart. Foi um dos inventores do programa de Hebe Camargo.

Na TV Globo, dirigiu o legendário *TV Mulher* e também *Som Brasil*, *Balão Mágico*, *Sinhá Moça*, *Direito de Amar*, *Vídeo Show*, *Chico Anísio Show*. Também montou o núcleo da TV Manchete, que estourou com Pantanal e deu fôlego a *Ana Raia e Zé Trovão* e *Kananga do Japão*. Estava na equipe de *Éramos Seis* e *As Pupilas do Senhor Reitor* no SBT.

Nilton Travesso entende de símbolos, de imagens que mexem com as emoções das pessoas e de como produzir essas imagens. Não faz a figura fácil do diretor que grita, que corre e que quer tudo para ontem. Não dá às palavras o efeito da intensidade do grito, é minimalista e preciso. Controla emoções e imagens, todas juntas, dos dois lados da câmera e dos dois lados da tela.

Numa dessas emoções que só a tela gigantesca do cinema pode proporcionar, saiu do cinema de cigarro na mão. Conta com sinceridade que é mais fácil apagar da cabeça o cigarro que os mitos criados em torno dele.

"FOI O FILME CASABLANCA, onde a tragada de Humphrey Bogart era pura magia. Aquela fumaça corria porque tinha contraluz bonita e depois, em preto e branco, tinha força poética muito grande. A tragada dele era tragada de dizer 'Nossa, mas que coisa bonita, que coisa gostosa de ver'... Eu tentava dar a tragada de Humphrey

Bogart, só não sabia que essa tragada, claro, podia até provocar um câncer. A coisa naquela época não tinha nada...

Nem se falava que viciava também. Era lindíssimo, só.

Depois, sei lá... Era gostoso você ocupar a mão e conversar. No jantar, depois de tomar café, dar a tragada gostosa, era apaixonante.

Fazia parte da cultura mesmo, da vida social.

Exatamente, porque não tinha ninguém que falasse, não vinha na cabeça essa preocupação de você ser violentado pela nicotina, pelo cigarro.

Eu estava com 19 anos. Fumei até 1980. Em 1980, quando eu fiz o TV Mulher aqui em São Paulo, meu sogro teve que operar o pulmão. Acompanhei a cirurgia do pulmão do meu sogro, realizada pelo dr. Zerbini e pelo dr. Bittencourt.

Aí eu vi a violência. Porque o seu pulmão é branquinho, bonitinho, sempre com veinhas vermelhas. Quando saiu, era preto, parecia pedaço de asfalto. Descobri a violência que é o cigarro. Acabei esquecendo o cigarro, mas nunca esqueci a tragada do Humphrey Bogart".

MÁRIO COVAS

CINCO MAÇOS de cigarro por dia. Parece impossível, mas a marca de Mário Covas (1930-2001) é conhecidíssima no meio político e comprovada por seus assessores mais próximos. Não deixava o cigarro queimando, fumava inteiro, um atrás do outro, 100 por dia.

Era político passional. Surpreendeu quando, governador de São Paulo, assumiu publicamente, em coletiva de imprensa, a gravidade do câncer que o vitimava. Durante a internação no InCor, se dedicava a dar bronca em jornalistas fumantes, contava que só tinha ficado daquele jeito por causa do cigarro.

A doença de Mário Covas foi trágica. Marcou dois médicos do InCor que nunca puseram cigarro na boca e atenderam o político. Adib Jatene não era o único, era outro a pedir que ele tentasse parar de fumar. Durante muito tempo, a negativa era certa.

"O Covas era prefeito e eu fui lá na prefeitura. Ele tinha três maços de cigarro, um em cima do outro... e ele assim" – o médico simula as tragadas, rápidas, nervosas, uma atrás da outra, com baforadas de alívio. "Fumava três, quatro maços por dia. Brinquei com ele: 'Mário, eu ainda vou te operar. Problema de tempo, mas eu vou te operar'. Não levou três anos e eu operei. Coronária. Daí a pouco, teve câncer de bexiga".

"Mas ele parou depois do infarto".

"Parou, parou porque o susto é danado, sugestão muito forte".

David Uip acompanhou de perto o dia-a-dia do governador doente. Foi internação de idas e vindas. Quando se julgava com o coração em ordem, veio o câncer, que requeria várias internações. O governador tentava voltar sempre para o Palácio dos Bandeirantes, convocava coletivas de imprensa, chegava a chorar quando o raciocínio fugia ou não tinha os movimentos básicos.

"Talvez a minha mais dramática experiência com cigarro foi ter sido médico do Mário Covas", comenta o dr. Uip. Mário Covas teve duas doenças. Primeiro, doença arterosclerótica, que culminou com o infarto. Chegava a fumar sete maços de cigarro por dia. Quando infartou, parou de fumar. Lá para a frente, anos depois, teve câncer de bexiga, que é câncer ligado ao cigarro. Ele decidiu e, de um dia para o outro, parou. Mas pagou o preço. A despeito de ter parado, ele pagou preço muito alto, primeiro o infarto e depois o câncer.

Durante sua gestão como diretor do InCor, David Uip baniu o cigarro do hospital. Só não consegue igual êxito dentro de casa. "Eu tenho problema na minha casa, minha mulher e minha filha fumam. Minha filha é veterinária, tem 27 anos e fuma. Chegou um momento, parei de falar. Fiquei o chato de plantão".

Saber os males do cigarro, ter contato próximo com a informação, não é garantia de sucesso nas tentativas de parar de fumar. Adib Jatene até acha graça no exemplo.

"Mas tem o Protásio... Conhece o Protásio?"

Trata-se de Protásio Lemos da Luz, cardiologista, diretor da Unidade de Arterosclerose do InCor. "O Protásio escreveu o livro *Nem só de ciência se faz a cura*. Nesse livro, conta a história do professor dele que fuma, que é gordo e estava explicando para o doente que não devia fumar, que devia... 'Mas, doutor, o senhor está fumando!', e ele replica: 'Não, amigo, isso aqui é consulta. Eu não sou exemplo, não sou modelo. Se o senhor quiser modelo, o preço é outro'.".

LOURIVAL BAPTISTA

BAIANO DE ENTRE RIOS, Lourival Baptista nasceu em 3 de outubro de 1915 e dá nome ao estádio de futebol de Aracaju. Fez carreira política em Sergipe, foi deputado estadual, prefeito de São Cristóvão, deputado federal por dois mandatos, governador de Sergipe e senador da República por três mandatos consecutivos (1970-1995).

Sempre falou sobre cigarro na tribuna, tanto na Câmara quanto no Senado, mesmo quando ninguém ainda se interessava pelo problema. Em 31 de janeiro de 1995, no início das discussões sobre a Lei Murad, resolveu contar a história de um amigo. Agora, ela faz parte dos anais do Senado.

"Fui médico, e, na minha época, o médico era clínico, cirurgião, obstetra, ginecologista, fazia de tudo. Há dez anos, tomei um avião em Aracaju com destino a Brasília. Ao fazer

uma escala em Salvador, encontrei-me no aeroporto com um colega que não via há 29 anos. Abraçamo-nos, ele me contou que um outro colega nosso estava morrendo no Rio de Janeiro -- eu havia seguido medicina e os outros dois, direito. Tomei nota do endereço e, na semana seguinte, fui ao Rio de Janeiro.

Ele morava na Avenida Atlântica, e lembro-me de que o apartamento era o 304. Eu não lhe disse que era senador, apresentei-me como antigo colega do Colégio Antônio Vieira, na Bahia. Entrei no apartamento e conheci a senhora e os filhos dele. Disseram-me que o pai estava passando muito mal, e a causa era o tabagismo, pois ele era um fumante inveterado. Finalmente, entramos no quarto. Eu não o via há 29 anos.

Ao entrar, deparei-me com ele sentado, encostado a uma parede, cheio de travesseiros. O filho perguntou ao pai: 'Meu pai, sabe quem é esse?'. O pai não falava. Então, ele disse o meu nome, ao que ele começou a chorar. Abraçamo-nos, e ele pediu papel e lápis. Trouxeram um bloco e ele escreveu: 'Lourival, quero veneno ou um revólver'. Queria suicidar-se devido a sua doença.

Há cinco anos, eu estava em Nova York, num daqueles restaurantes de paredes de vidro, quando passou uma grande personalidade brasileira e me viu. Entrou, sentou-se e perguntou: 'Senador, Vossa Excelência está perdido?'. Respondi que ia ao Banco do Brasil trocar cheque. Esse homem acendia um cigarro no outro. Pedi ao ministro que não fumasse, e ele perguntou-me por que entrei nessa campanha. Contei que era devido a esse amigo meu de infância. Disse também que ele não sabia quantas pessoas se suicidam por causa do tabagismo.

Ele respondeu que era o caso de seu pai. Ele fumava três, quatro maços de cigarros por dia. Um dia, chamou os três filhos e disse: 'Meus filhos, eu já estou respirando com dificuldade e vou me matar'. Três dias depois, ele deu um tiro no coração. Eu lhe disse então: 'E o senhor, que é um homem culto, moço, rico e inteligente, continua fumando?'. 'Já parei três vezes. Seja lá o que Deus quiser', respondeu-me".

ALFREDO SALIM HELITO

ALFREDO SALIM HELITO é filho de sírio, foi criado na cultura que tem, até hoje, ótimas relações com o cigarro. Tendo sido apresentado a ele ainda cedo, enfrentou as evidências médicas sobre o assunto até que o coração falou mais alto. Não foi a doença, mas o filho pequeno, seu ponto de apoio para parar de fumar.

Clínico geral, médico de família, faz parte do corpo clínico do Hospital Sírio Libanês, onde se tornou dos primeiros médicos fumantes a largar o vício. Agora, o grupo é legião, raro ver quem fume. No bom humor que parece não acabar, o médico fala fácil, troca tudo em miúdos. Tem facilidade de fazer informativos médicos no rádio, escreveu o livro que ensina ao cidadão comum o be-a-bá do corpo e das doenças. A risada do dr. Helito faz rir, e os casos sérios, ele conta com olhar que prende até o desfecho.

"Comecei a fumar como adolescente, para mostrar machismo, ser bacanão no grupo da porta da minha escola, com 13 anos de idade. Aqui em São Paulo, estudava num colégio estadual na Lapa. Era ginásio. Existia aquele grupo de colegial, que era mais velho e fumava, aí eu e uns amigos, as menininhas. Fazia parte você deixar bigode ou barba e fumar. Então, eu comecei a fumar na porta da escola.

"A família na época achava alguma coisa?"

"Não achava nada. Primeiro, porque eu fumava escondido, só fumava fora de casa. Ao mesmo tempo, meu pai fumava, minha mãe fumava, só que por respeito... Eles nunca admitiram que eu fumasse, mas fumavam normalmente. Lembro quando tirei carta, ganhei um carro do meu pai. Ele me pediu para levá-lo para a cidade em que morou quando veio da Síria. Meu pai tinha mais idade, eu era o caçula. Dirigi o automóvel até Rio Preto. Quando ele estava dormindo, eu acendia o cigarro. Quando ele acordava, eu jogava o cigarro fora e fazia de conta que não fumava. Aí, ele acendia o dele".

O médico gesticula para contar a cena e cai na risada.

"Minha mãe fumava, meu pai fumava, meu irmão mais velho fumava. Meu irmão mais velho e eu fumávamos escondido do meu pai e da minha mãe; e eu fumava escondido do meu irmão. Um fumava escondido do outro, mas todo mundo fumava. Com o passar do tempo, fui ficando mais adulto, meu pai ficou doente, com diabetes, teve que amputar uma perna, teve que parar de fumar. Minha mãe ficou doente, teve que parar de fumar, e eu e meu irmão continuamos fumando. Nós dois nos formamos médicos e ficamos exercendo a medicina, fazendo a residência, internato, tudo na faculdade – residência e início da nossa carreira fumando".

"Nessa época, como é que se mandava parar de fumar fumando?"

"Imagine eu, que era mais cheinho, meio obeso e fumante. Imagine mandar o paciente parar de fumar! Não tinha moral".

"Mas mandava?"

"Mandava... Comecei a cair na real quando eu me casei, tive os meus filhos. Meu filho, o mais velho, hoje tem 21 anos e faz medicina. Ele, na escola, começou a aprender os efeitos maléficos do cigarro, chegava em casa, olhava para a minha cara, eu fumando... e médico. A ponto de ele...ele... ter uma crise assim, de desespero, de falar para a minha mulher 'Como é que o papai fuma e é médico se eu na escola aprendo que o cigarro é uma coisa ruim, para eu nunca pegar cigarro, que todos os tipos de droga fazem mal, blablabla'. Quem começou a me incutir na cabeça o parar de fumar foi meu filho.

"Num final de semana, fomos viajar para algum hotel da vida, passar o fim de semana. Evidente que na minha bagagem tinha o quê? O pacote de Galaxy, que era rotina levar. Quer dizer, fui para Campos do Jordão, podia esquecer meu perfume, meu desodorante, mas nunca o cigarro. Dinheiro até, mas nunca o cigarro.

"Fui fazer o check-in no hotel. Quando subi, minha mulher falou: 'Não vai...não bata no menino'. O que aconteceu? Deve ter feito alguma estripulia de criança, ele tinha 6 anos.

"Ele abriu todos os meus maços de cigarro, esfarelou cigarro por cigarro na banheira do hotel. Aquelas banheiras, banheira antiga. Tive que mudar de quarto...

"Pensei bem. Ou tomo atitude séria em homenagem ao que o menino está fazendo a meu favor ou acabou o moral aqui em casa. Foi aí que eu parei de fumar. Meu filho tem 21 anos. Iss aconteceu há 15 anos.

"Parar de fumar é gesto seu, com você mesmo. Para parar de fumar, todas as ajudas são bem vindas, mas é atitude sua para com você mesmo enfrentar todos os efeitos da abstinência de nicotina e de todas as outras substâncias que existem no cigarro.

"Quando parei, no começo, ninguém acreditou. Nem minha mulher. Para ter credibilidade que havia parado de fumar mesmo, só depois de seis meses, oito meses que o pessoal falou: 'Opa, ele parou de fumar mesmo'."

"E os pacientes?"

"Ninguém acreditava. Antes, eu mandava o paciente se preparar para ser examinado, tirar a roupa, deitar, quando é senhora, ser coberta pela minha enfermeira. Saía da sala, ia até a ante-sala, pegava uma bituquinha que tinha lá, dava duas tragadinhas. Não tinha vergonha de baforar cigarro na cara das pessoas que estavam ali. Porque fumava dois ou três maços por dia. Então, realmente foi legal parar de fumar".

"O pessoal não ficava fiscalizando, ah, será que ele está fumando escondido?"

"Muito... muito, todo mundo. Todo mundo chegava até a me provocar, me oferecendo. Quem fuma, é um problema mesmo, fica meio cabreiro de ver alguém parar de fumar e ele não conseguir. Então, temos que reverter essa situação. Temos que fazer com que a pessoa que fuma passe a acreditar que você parou de fumar e tente te acompanhar".

ANTÔNIO PEDRO MIRRA

ANTÔNIO PEDRO MIRRA se formou médico na década de 1950. Resolveu se especializar em câncer na época em que quase nada se conhecia da doença. Os médicos davam um pouco mais de conforto a quem havia recebido a sentença de morte lenta e inexorável.

Não se sabia sequer o tamanho do problema, que só começou a ser medido quando ele próprio criou, em 1969, o Registro do Câncer de São Paulo, cuja coordenação deixou só no final de 2007. Sabe na ponta da língua todos os números de câncer, o que aumentou, o que caiu, as causas mais importantes, os tratamentos mais novos, o impacto efetivo na população, quem consegue se beneficiar de tratamentos sofisticados.

Se engajou na luta contra o tabagismo quando soube, em congresso internacional, que o fumo causava números espantosos de casos de câncer. Preside a Comissão de Combate ao Tabagismo da Associação Médica Brasileira. Fez parte do primeiro Comitê Federal formado para estudar o tema. Um ano antes, em 1984, recebe citação especial da União Internacional contra o Câncer como reconhecimento de sua liderança no Programa de Controle do Tabagismo no Brasil.

É testemunha viva da ascensão e queda do cigarro na cultura brasileira. Viu de perto como os médicos ganharam espaço na imprensa para falar do tema, como o cigarro começa a sumir da cena nacional. Viu também o auge, quando fumar era rito de passagem de menino a homem– é um dos que se sentiram crescidos na medida exata das baforadas.

"*Na faculdade, nunca no meu tempo, nunca ninguém falava em tabagismo, não fazia parte do currículo*".

"*Se fumava na faculdade?*"

"*Fumava. Fumava na sala de aula, em todos os ambientes fumava e, mais ainda, na época, na minha época, décadas de 1940, 1950 e mesmo 1960, era assim maneira de machismo do homem fumar, demonstração do machismo no homem fumar*".

"*Era passagem do menino para o homem*".

"*Era o cigarro. Então, era importante mostrar que era homem*".

"*O senhor chegou a fumar?*"

"*Fumei durante 11 anos, na época de estudante. Do colegial até a faculdade*".

"*O senhor se formou sem fumar...*"

"*Não, não. Quando eu me formei, logo em seguida parei de fumar, não porque mexia com tabagismo. Mas porque eu tinha tosse, pigarro e achava absurdo, sendo médico, ter esse sintoma. Estava sempre presente junto aos pacientes. Por mais cuidado que tomasse, acabava tossindo*".

"*O senhor chegou a passar visita fumando?*"

"*Não, não, isso não*".

"*Mas em 1992 ainda passavam...*"

"*Era comum, inclusive, médicos atenderem o paciente com o cigarro na boca, fumando*".

"*E como foi, para o senhor, parar?*"

"*Foi fácil, porque eu não era... não devia ser dependente químico. Porque, de uma hora para outra, resolvi não vou fumar e não fumei. Então eu não devia ser dependente químico, era mais questão de...*"

"O senhor fumava mais para se mostrar..."

"Que eu era mais machista. Mostrar só... Que era o sucesso junto às mulheres. Era o sucesso junto às mulheres, porque, naquela época, as mulheres começaram aos pouquinhos a fumar. Eram poucas as que fumavam".

O oncologista fala "machismo" do jeito que se usava falar naquela época, não com a conotação atual. Machismo era ser bem homem, bem masculino, não tem relação com discriminação. A tosse era problema, porque a tuberculose ainda era incurável. Os doentes iam para Campos do Jordão esperar pela própria sorte. Ninguém chegava perto de quem tossia sem parar. Foi o preconceito que tirou o cigarro das mãos desse médico. Ele ri quando lembra por que fumava.

"Simplesmente a minha preocupação era mostrar que eu era homem. Idiotice pura".

ELIAS MURAD

ELIAS MURAD fala do mesmo jeito que se escreve. Não tem pausas, muletas de apoio, concordâncias erradas porque a frase sofreu muitas emendas. É formal, mas cunhou uma das melhores frases da política brasileira. "O Brasil progride à noite, enquanto os políticos estão dormindo".

Em Minas, onde nasceu, graduou-se em farmácia no ano de 1948. Em 1955, formou-se em medicina. Especializou-se em psicotrópicos na Faculdade de Medicina de Paris e em bioquímica cerebral na Faculdade de Medicina do Texas (EUA). Gosta de ser professor, se dedica à Faculdade de Ciências Médicas e também ao Colégio Estadual Central.

Escreveu diversos livros sobre drogas, o mais recente sobre a rainha da dependência química – a nicotina. Fundou a Associação Brasileira Comunitária para a Prevenção do Abuso de Drogas (Abraço), onde dá expediente diário até hoje, função que divide com o gabinete de vereador em Belo Horizonte.

Elias Murad é o tipo de pessoa que provoca a pergunta: "Por que ele foi se meter em política?". Talvez seja exatamente o tipo de pessoa que deva se meter no assunto, faltam-lhe apenas companheiros em número significativo. Assim que assumiu, resolveu sonhar alto e apresentou projeto restringindo a propaganda de cigarros no Brasil. Ninguém acreditava que fosse adiante.

Foram sete anos de brigas e pressões dentro de um plenário em que os interesses econômicos se misturavam com o desespero de fumantes inveterados temendo por restrições. Mas a Lei Murad saiu, sendo a primeira vez que o Congresso Nacional defende as crianças do Brasil contra a propaganda de produto que, usado de acordo com as instruções do fabricante, vicia e causa danos graves ao corpo.

Só que nem Elias Murad escapou da propaganda. Era moço na época do *glamour* da fumaça e foi fisgado pelo cigarro.

"Eu tenho uma história muito interessante, na qual um estudante do segundo período de comunicação da Universidade Federal de Minas Gerais, que tinha sido meu aluno no colégio, me deu uma das maiores lições da minha vida.

"Naquela época, muitos anos atrás, eu fumava cachimbo. Esse estudante me telefonou: 'Professor, quero entrevistar o senhor'. 'Pois não, pode vir no meu laboratório'. Como dou muita entrevista, sempre recebi muito bem entrevista, sempre gostei de falar para o público em geral e nem perguntei sobre o que era.

"Dia seguinte, ele chegou ao meu laboratório, entrou, eu estava lá trabalhando com algumas plantas brasileiras, portadoras de princípios ativos, ele se assentou. Automaticamente, peguei o cachimbo, enchi o fornilho com tabaco, acendi depois de tomarmos cafezinho. 'A entrevista é sobre o quê?' 'A entrevista é sobre os males do tabagismo'. E eu com o cachimbo na boca. Mas que fazer? Temos que ser incoerentes e verdadeiros. Fui falando, ele anotando tudo... câncer do pulmão, enfisema pulmonar, doenças cardiovasculares... ele anotando tudo diligentemente.

"No dia seguinte, na quarta página do Diário da Tarde, um dos jornais mais importantes de Belo Horizonte, havia a manchete: 'Fumo dá câncer, vírgula, afirma professor, vírgula, após uma baforada'.

"Recebi a tremenda lição desse meu ex-aluno. Joguei os cachimbos fora e nunca mais pus nenhum tabaco na boca."

Outra façanha de Elias Murad é ter conseguido evitar o roubo de seus méritos quando da aprovação da Lei Murad. Presidentes e ministros sempre levam os louros de propostas parlamentares que repousam há muito tempo nas gavetas. Algumas vezes, o governo federal encaminha projetos idênticos aos produzidos por parlamentares, aprova com maior facilidade e leva a fama.

"Quando ele foi aprovado, o presidente da Câmara era meu caro amigo e colega Aécio Neves, deputado federal àquela época,. Ele conhece o meu trabalho, inclusive nesse setor do uso do tabaco e da propaganda. Então, ele propôs que a lei tivesse o meu nome. A Lei nº 9.294/96 chama-se Lei Elias Murad, para muita honra minha".

VERA LUIZA DA COSTA E SILVA

VERA LUIZA DA COSTA E SILVA faz a hora, não espera acontecer. Toda medida legal ou política pública contra o tabagismo implementada no Brasil tem o dedo da pneumologista. Não é ela que conta, são os homens nomeados para pilotar canetas. Sempre aproveitou oportunidades mínimas para conseguir assinaturas decisivas na direção que pretendia.

A brasileira é consultora da Organização Mundial de Saúde. Sentiu o gosto delicioso do topo da carreira, o posto mais alto no mundo na profissão que escolheu e, depois de provar, optou pela família e voltou ao Brasil. Era diretora da Tobacco Free Initiative, da OMS, posto que conseguiu devido ao vasto currículo formado no Brasil.

Coordenou programas no Ministério da Saúde e no Instituto Nacional do Câncer, seu berço profissional. Talvez tivesse escolhido outro caminho se o mundo da época não punisse médicas chefes que julgam ter o direito de ter filhos. Enquanto aprendia a ser pneumologista, na Faculdade de Medicina, Vera Luiza da Costa e Silva também aprendia a fumar.

"Eu fumei, fumei... claro que fumei. Fumava e gostava de fumar. Foi difícil parar de fumar. Entrei na faculdade em 1975, comecei a fumar na Faculdade de Medicina. Não interessa o que você faz na faculdade, você é resultado do seu grupo, da pressão social.

Parei de fumar por conta da gravidez dos meus dois filhos menores. Eu tenho três filhos. Comecei a parar de fumar na gravidez da minha menina e não voltei mais a fumar. Depois que minha filha Verônica nasceu, eu tinha muita vontade de voltar a fumar. Cheguei até a dar umas tragadas e tal num cigarro aqui, outro cigarro ali. A dependência é horrível".

"Como parou? Porque dizem que grávida parar de fumar é mais complicado ainda".

"Enjoava muito, então consegui fácil parar de fumar. Mas o grande problema não era parar. O grande problema era não voltar. Parar de fumar, as pessoas dizem que param 500 vezes. Parar de fumar não é tão difícil. O mais difícil é não voltar".

Ela conseguiu nunca mais encostar em cigarro. Os ministros que trabalharam com a pneumologista ficaram absolutamente surpresos com o fato de ela ser ex-fumante.

JOSÉ SERRA

JOSÉ SERRA ODEIA CIGARRO. Quando perguntavam à atriz Nair Bello (1931-2007) se temia os efeitos nocivos do tabaco, ela, fumante inveterada, respondia que não, o medo que tinha era da cara de José Serra quando falava mal do cigarro, isso sim. Quando ministro, Serra arranjou a maior encrenca, porque chamou as empresas de "traficantes". Ainda que a atividade seja rigorosamente a mesma, o cigarro é droga legalizada no Brasil.

Todos os jornalistas morriam de medo de ser flagrados fumando durante a cobertura da campanha presidencial do candidato tucano. Diziam horrores, que ele dava o maior sermão, fazia o fumante passar vergonha danada. Companheiros no vício davam o aviso: 'Olha, ele vem aí. Apaga, apaga logo'. O atual governador paulista protesta: "Mas eu não sou intolerante". Era a fama.

Dizia ao país inteiro que iria fazer a vice, Rita Camata, parar de fumar. Foi o primeiro governador a proibir o fumo nas dependências do Palácio dos Bandeirantes. Na verdade, fez isso onde pôde, desde os tempos de estudante. A indústria do tabaco descreve o político brasileiro como irredutível, com apetite especial para brigar contra grandes lobbies. A disposição na luta contra o cigarro é conhecidíssima. Inclusive no dia-a-dia, na vida pessoal, com táticas interessantíssimas que desenvolve para dispersar a fumaça.

Fontes seguras informam que é capaz de jogar maços fora. Até em reuniões de governo um tanto informais. Em chácara perto da cidade de São Paulo, por exemplo, reza a lenda que teria dado fim em alguns maços de cigarro. Andrea Matarazzo, de seu time, sabe da investida e sempre tem algum na reserva. José Aristodemo Pinotti, médico e desavisado na primeira reunião, teve de correr para trancar charutos caríssimos no carro.

Pouquíssima gente sabe que José Serra só não fuma porque não conseguiu. O organismo não aceitava, mas tentou várias vezes. Outra novidade é que conviveu com os cigarros da esposa desde o namoro até quando os filhos já estavam na primeira infância. Não admite que suportava a situação, diz que reclamava o tempo todo. O ponto é que ela fumava dentro da casa dele durante anos. Dentro. Nem importa que o quarto fosse território livre de cigarro.

"Eu, na primeira adolescência, tentei fumar, mas não consegui."

"Que cigarro?"

"Nem me lembro, os cigarros da época, Continental, Hollywood... Os amigos da roda, em torno de 12, 13 anos, começaram a fumar, e eu tive impulso também de fumar, mas realmente o cheiro, a tosse me afastaram. Inclusive, não sei se você sabe, os jovens não fumavam diante dos pais. Você não podia fumar na frente do seu pai assim, impunemente, nem da sua mãe. Não por causa de saúde. É curioso."

"Era questão de respeito?"

"É... questão de respeito. Seria interessante investigar por quê. Porque certamente não era por questão de saúde."

"Também, certamente eles sabiam que o filho fumava."

"Ah, sim. Mas outra coisa era fumar na frente. Era falta de respeito."

José Serra se orgulha do número de pessoas que conseguiu fazer largar o cigarro. A mais notória é a deputada Rita Camata, do PMDB do Espírito Santo, candidata a vice na campanha presidencial de 2002 e representante de seu estado na Câmara de Deputados para o mandato 2007-2011.

"Agora, fiz o [chanceler] Celso Amorim largar. Ele era embaixador em Genebra da OMC e outras coisas lá, de organizações, a missão lá, cuidava de várias áreas. Era

também da Organização Mundial da Saúde e presidiu um panel antitabagista. 'Celso, agora você tem que largar o cachimbo'. E ele largou o cachimbo. O Celso largou, aliás, e foi até receber prêmio lá na OMS pelo Brasil."

"Governador, quem o senhor já fez parar de fumar, além do atual ministro das Relações Exteriores e da deputada?"

"Deixa eu ver... bom, minha mulher..."

"Como foi?"

"Fumava, dizia que fumava sem tragar."

"Quando o senhor começou a namorar, ela fumava?"

"Fumava".

"E aí?"

"Mas pouco, pouco. Enfim, não era nada assim compulsivo... nem no quarto. Mas, depois, com as crianças... aí, as crianças obrigaram... Eu e as crianças... foi frente muito ampla."

"O senhor fez aliados, é isso?"

"Meus filhos têm horror a cigarro..."

"Então, o senhor esperou as crianças virem para catequizar... Na verdade, o senhor agüentou cigarro esse tempo todo."

"Não, eu fiquei sempre reclamando..."

"Fumante é sem noção. Eu sei, eu já fumei..."

"Mas fiquei sempre reclamando. Por exemplo, no quarto, era proibido fumar... Mas ela fumava pouco, fumava uns dez cigarros por dia e dizia – eu até acredito – que não tragava. Mas ela acabou largando com as crianças, devido a mim e às crianças."

CLAIRE CHOLLAT-TRAQUET

CLAIRE CHOLLAT-TRAQUET conseguiu criar na Organização Mundial de Saúde o programa de sucesso no combate ao tabaco. Pesquisa o assunto desde jovem, não lembra exatamente por que razão nunca fumou. Todos em volta fumavam. Criou os dois filhos em Genebra, onde as companhias de cigarro muito gentilmente distribuíam amostras grátis na porta das escolas.

Estudou muito sobre o tema, tem vários livros publicados, principalmente sobre a relação entre mulheres e tabaco. Conseguiu convencer as linhas aéreas a proibir cigarro e o governo do Malauí a ir contra a indústria responsável por 80% da economia do país. Não consegue fazer a filha parar de fumar.

"Em controle do tabaco, é a história pessoal. As pessoas vêem as outras morrerem, porque é tipo de morte muito comum. Muitas pessoas se engajam devido a acontecimentos pessoais. Eu já tenho idade. e meu pai tinha mais de 50 anos quando nasci. Ele morreu depois de fumar por muito tempo. Naquela época, as pessoas não diziam que era por causa do cigarro, mas agora, olhando para trás, é óbvio. Não foi por causa disso, porém, que eu me engajei na luta contra o tabaco. De qualquer forma, eu tenho uma história muito triste – a minha filha fuma.

"Veja você, eu escrevi um livro que se chama Mulheres e tabaco. Pesquisei a França. Minha filha é francesa. Na França, por exemplo, tem muitas garotas jovens que fumam. Os garotos não fumam tanto mais, mas as garotas estão fumando. Meu filho conseguiu largar o cigarro sem muitos problemas, mas ela... Ela ainda fuma".

Sobre a autora

MADELEINE LACSKO é jornalista formada pela Escola de Comunicações e Artes da Universidade de São Paulo. Não completou o curso da Faculdade de Direito do Largo São Francisco e fez extensão em Marketing Político e Propaganda Eleitoral, também na ECA-USP. Fez cursos na área de jornalismo investigativo no Brasil e nos Estados Unidos.

Começou a ser jornalista no mesmo ano em que entrou na universidade, 1996. Passou dois anos na Rádio Trianon e dez na Rádio Jovem Pan. Durante esse período, foi redatora, produtora, repórter de Trânsito, de Cidades, de Economia, de Polícia, de Justiça, de Educação e de Política. Teve por quatro anos uma coluna diária, crítica e bem-humorada, sobre as atividades do Congresso Nacional. Foi apresentadora de diversos programas de rádio, jornalísticos e de entretenimento. É agora coordenadora-geral da Rádio Justiça, emissora pública do Poder Judiciário, administrada pelo Supremo Tribunal Federal.

Fumava escondido nos tempos de escola, porque queria ser adulta. Dedicou-se com afinco ao cigarro a partir de 1998, devido à tranqüilidade da vida de repórter e à firme convicção de que não ficaria viciada. Adorava fumar, mesmo depois que seu pai morreu das conseqüências disso aos 47 anos. Só decidiu parar quando não agüentou a escravidão que o vício impõe. Tentou oito vezes e desistiu. Uma entrevistada, a cardiologista Jaqueline Scholz Issa, a convenceu de que não perderia nada na nona tentativa. Não fuma desde março de 2007.

Sobre a autora do projeto

JAQUELINE SCHOLZ ISSA cursou a Faculdade Regional de Medicina de São José do Rio Preto (SP), formando-se em 1987. Pós-graduou-se no curso de especialização em Administração Hospitalar e de Sistemas de Saúde na Escola de Administração de Empresas de São Paulo, da Fundação Getúlio Vargas (1994). Fez residência em Clínica Médica no Hospital das Clínicas da Universidade de São Paulo (USP) e residência em Cardiologia no Instituto do Coração da mesma instituição.

Doutora em Cardiologia pela Faculdade de Medicina da USP, ocupa atualmente o cargo de diretora da Unidade de Atendimento ao Cliente dos Consultórios do InCor, onde coordena o ambulatório de tratamento do tabagismo e a pesquisa com novos medicamentos para tratamento do tabagismo. Foi médica colaboradora da Organização Mundial da Saúde no programa "Tabaco or Health" entre 1993 e 1996. Tem vários artigos e trabalhos publicados no Brasil e no exterior, além do bem-sucedido livro *Deixar de fumar ficou mais fácil*, lançado em 2003 e já em terceira edição.

Direção editorial
MIRIAN PAGLIA COSTA

Coordenação de produção
HELENA MARIA ALVES

Preparação de texto
LUÍS ALBERTO DE LIMA NASSIF
MIRIAN PAGLIA COSTA

Revisão de provas
RITA DE SOUSA

Projeto gráfico e Capa
YVES RIBEIRO FILHO

CTP e Impressão
ASSAHI

Impresso no Brasil
Printed in Brazil

Formato	16 x 23 cm
Mancha	12 x 1,5 cm
Tipologia	New Age (10/13 texto)
	New Age (21/13 título)
Papel	Cartão Supremo 250 gr/m2 (capa)
	Polen Soft 80 gr/m2 (miolo)
Páginas	176